Lies de bal

Lëtzebuergesch Texter

éditions
guy binsfeld°

éditions
SAINT PAUL

PRÄZISIOUNEN ZUR SCHREIFWEIS

Am Sënn vun der Vereenheetlechung, besserer Liesbarkeet, awer virun allem aus pädagogesch-didaktesche Grënn sinn an dëser Anthologie sämtlech Texter am Respekt vun der offizieller Lëtzebuerger Orthographie publizéiert (Règlement grand-ducal vum 30. Juli 1999).

Dobäi gouf vum Prinzip ausgaangen, nëmmen esou vill wéi néideg an esou mann wéi méiglech an d'Original-Texter anzegräifen. Jiddefalls ass dobäi zu kengem Ament dem Auteur seng schrëftstelleresch Fräiheet oder Kreativitéit beréiert ginn an et goufen deemno och sämtlech Varietéite vun der Lëtzebuerger Sprooch an hirer spezifescher Originalitéit akzeptéiert.[*]

D'Zeechesetzung orientéiert sech un der däitscher Interpunktioun, wéi se duerch déi nei Rechtschreiwung geregelt ass.

Well d'Anthologie bewosst als Schoulbuch konzipéiert gouf, huet et sech aus unterrechtspraktesche Grënn ugebueden, déi eenzel Texter no hirer Grondthematik ze regruppéieren.

Dës Andeelung ass awer weder eng literaresch Klassifizéierung nach eng entspriechend (Be-) Wäertung, mee ze gesinn als Orientéierungshëllef beim konkrete Schaffe mat den Texter an der Klass. Dobäi ass gewosst, datt en Text nieft sengem Haaptsujet duerchaus och nach weider Aspekter behandele kann an datt et an deem Sënn och alt emol zu themateschen Iwwerschneidunge mat aneren Texter (vun aneren Auteuren) komme kann.

[*] *Et ka sinn, datt an de Bicher vum Verlag Op der Lay*
déi original Schreifweis sech liicht ënnerscheet vun där an dëser Anthologie.

D'Texter vun de BDe goufen onverännert iwwerholl.

Virwuert

Et ass ëmmer schéin, d'Publicatioun vun engem Schoulbuch z'annoncéieren. Dat ass grad da wouer, wann et ëm e Liesbuch geet, well jo kee méi brauch z'ënnersträichen, datt een iwwert d'Liesen säi Wëssen a Kënnen an enger Sprooch entwéckelt a virunentwéckelt.

Lies de bal ass e Buch mat Texter a Lëtzebuerger Sprooch, déi ausgewielt si gi fir Jugendlecher vun 12 bis 15 Joer, also fir d'Schüler op den ënneschte Klassen vun de klasseschen an den technesche Lycéeën. Et steet och eng Explicatioun dran iwwert déi wichtegst Regele vum Schreiwen am Lëtzebuergeschen.

Mat deem heite Buch gëtt e Lach gefëllt tëscht deene Liesbicher, déi mer soss hu fir eis Kanner a Jugendlecher. An der Grondschoul ginn déi zwéi Bänn vun *Lies a fléi* en ausféierlechen an ëmfaassenden Iwwerbléck iwwert d'Texter, déi a Lëtzebuerger Sprooch geschriwwe gi sinn. Och esou en Iwwerbléck, op engem aneren Niveau, erlaabt d'Anthologie *Literaresch Welten* mat Texter vu Lëtzebuerger Auteuren an dräi Sproochen, déi 2012 erauskoum. Déi ass geduecht fir den Enseignement vun der Lëtzebuerger Literatur op den iewescht Klasse vum Secondaire. *Lies a fléi*, *Lies de bal* an d'Anthologie erlaben et, datt d'Schüler vum Lëtzebuerger Schoulsystem iwwert hir ganz Schoulcarrière d'Texter vun den Auteure vun heiheem kenneléieren.

Dat heite Buch huet **net** den Usproch, en Iwwerbléck ze ginn oder representativ fir eng ganz Zeen ze sinn. *Lies de bal* ass e Recueil vu meeschtens rezenten Texter, déi deene jonke Lieserinnen a Lieser Iddi solle ginn um Liesen op Lëtzebuergesch. Dofir ass et e Buch, mat net zevill Säiten an engem flotte Konzept, dat gutt gëeegent ass, fir et och an der Fräizäit an de Grapp ze huelen.

Fir d'Aktualitéit vun der Auswiel ze halen, ass virgesinn, all fënnef Joer eng nei Editioun ze maachen, wou dann op d'mannst en Drëttel vun den Texter duerch neier ersat ginn.

Wéi d'Anthologie ass *Lies de bal* net nëmmen e Schoulbuch, mee an engems konzipéiert, fir den allgemengen Interessi un der Lëtzebuerger Literatur ze fërderen. Et kann een déi Bicher an de Librairië kafen a se si geduecht fir all Mënsch, deen un der Lëtzebuerger Literatur interesséiert ass.

D'Liesbuch ass vun engem Aarbechtsgrupp vum SCRIPT (Service de Coordination de la Recherche et de l'Innovation pédagogiques et technologiques) vum Educatiounsministère ausgeschafft ginn. Matgehollef hunn de *Centre national de littérature* an den *Institut national des langues*. Eng Parti Jugendlecher vun 12 bis 15 Joer hunn d'Texter gelies an hir Meenung dozou ginn, ier se definitiv an d'Selektioun opgeholl gi sinn.

Ech soen hei all deene Leit villmools Merci fir hir Aarbecht. E Merci och un déi zwee Editiounshaiser, Editions Guy Binsfeld an Editions Saint-Paul, déi d'Realisatioun iwwerholl hunn. An da wënschen ech all deene jonke Lieserinnen a Lieser an hiren Enseignante vill Freed bei der Decouverte vun deenen Texter.

Claude Meisch

Ministère de l'Éducation nationale,
de l'Enfance et de la Jeunesse

Inhalt

6

7

D'Titele vun den Texter entspriechen an deene meeschte Fäll dem Original (vum Buch oder enger Kapiteliwwerschrëft), ausser se si mat engem Stäerche (*) markéiert (vgl. dozou Bibliographie, S. 197-199).

Catherine, ech sinn esou glécklech[*]
CATHY CLEMENT

Ech sinn esou glécklech, ech kéint Beem ausräissen. An da kënnt um Radio och nach engt vu menge Liiblingslidder. Ech wéilt, ech wier net sou, wéi ech sinn, an awer schéngen ech him ze gefalen. Hien ass esou cool, ech kann et bal net gleewen! Seng Haut ass sou schéin donkel, net wéi meng, ech si blatzeg a gesinn ëmmer no „Eisemangel" aus. Meng Hoer hunn eng ondefinéierbar hellbrong Faarf, net wéi seng, di sinn sou schwaarz, dass se blénken an der Sonn.

Hie kënnt eigentlech vum Cap-Vert, ech sinn esou frou, dass ech hien däerf kennen. Schonn zënter Joren interesséieren ech mech fir Afrika a wëll onbedéngt eng Kéier dohin, vläicht mat him zesummen.

Seng Eltere sinn zwar och hei zu Lëtzebuerg, mä seng Grousselteren an eng Hellewull vu Cousinen a Cousinnen sinn nach dohannen a wäerten och wahrscheinlech fir ëmmer donidde bleiwen.

An elo si mir zwee richteg fest zesummen, dat huet hie mech gëschter gefrot, an ech war ganz paff. Alles ass esou romantesch mat him, an hie richt esou gutt.

Ech kéint de ganzen Dag danze vu Freed. Danzen ass souwisou máin allergréissten Hobby, a wann ech eng Kéier richteg erwuesse sinn, an et klappt net mat der Schoul, also wann ech et net packe Sportsproff ze ginn – Turnunterrecht mat Mëdezinnbäll nervt mech total –, da maachen ech eng Hip-Hop-Danzschoul op. Fir Meedercher vu siwe Joer un. Da weisen ech hinnen direkt, wéi et ass, richteg cool ze sinn, an dass et ganz egal ass, wéi een ausgesäit, ob brong oder blatzeg, jidderee ka schéi sinn, wann e glécklech an zefridden ass.

Sou wéi ech am Moment. Gutt, et ass net alles perfekt, d'Mamm an de Mich nerven, si si sou blöd an hunn honnertdausend Viruerteeler, nëmme just well de Jasiri schwaarz ass, also brong, en ass net esou pechschwaarz wéi anerer, zum Beispill aus Kenia. An dobäi hunn si hien elo eréischt zweemol gesinn. Mä bon. Elteren! A wann et dann och nach nëmmen zur Halschent di richteg sinn, wéi bei mir, dann ass et nach méi krass!

Ech kennen der zwar net souvill aus Afrika oder sou, mä dem Jasiri säi Papp zum Beispill, deen ass richteg schwaarz. Dem Jasiri seng Mamm och zimlech, mä hien ass einfach Schockela, an och voll séiss. Mä de Jasiri an seng Famill si jo och keng Kenianer, si komme vum Cap-Vert. Hie muss mir onbedéngt alles dovun erzielen, well ech sinn an der Geo di déckste Päif, ech hu guer keng Ahnung, weess just, dass dat e puer Insele sinn, iergendwou an der Géigend vun Teneriffa. An et kascht deier fir dohin, et muss ee mam Fliger an sou 1000-mol ëmklammen, bis een dann do ass. Dofir war de Jasiri och réischt eng Kéier nees dohin, fir säin 18. Gebuertsdag. Hie krut di Rees vu senger Famill geschenkt. Sou konnt hie säi Land awer e bësse kenneléieren. Et muss jo zimlech blöd sinn, Auslänner ze sinn, ouni mol richteg ze wëssen, wéi d'Heemecht ass. Iergendwéi ass e jo da falsch op alle Plazen. Dofir war de Jasiri dohin, a seng Famill wollt dat jo och. Mä deier war et trotzdem. An deemools huet hie jo och nach näischt verdéngt, net wéi elo.

Sue fir op de Cap-Vert huet en awer trotzdem keng. Hie schafft an der Peugeots-Garage, mä net als Mecanicien. Hie schreift Rechnungen. Dat ass och vill besser wéi dat anert. Als Mecanicien ass ee jo andauernd kal an der grousser Garage, et sténkt no Auspuff a Lack an et kann ee Kriibs kréie vun deene chemesche Substanzen. An ausserdeem huet een ëmmer knaschteg an opgeschruppten Hänn, dat ass mir schonn opgefall. D'lescht Woch, wéi ech mat der Mamm eisen Auto siche goung, hunn ech mir dat mol méi genee ugekuckt. Also mir hunn zwar kee Peugeot, mä ee Ford, mä dat spillt jo keng Roll. Garage ass Garage.

Ech si frou fir de Jasiri, dass hien deen Job um Pult huet, och wann hien awer just de Mindestloun dofir kritt. Fir seng kleng Wunneng zu Dummeldeng geet et duer, an och fir eppes fir an de Frigo. A schéin ugedoen ass en och. Also. Him geet dat och duer, och wann hien heiansdo granzeg ass, wéinst dem Bus, wann deen nees Verspéidung huet oder wa säin Handy futti ass, wéi virun zwou Wochen.

Mä wann hien een Auto hätt, dann hätte mer eis iwwerhaapt ni begéint an da wier alles net esou, wéi et elo ass. Dat muss jo da Schicksal sinn.

Da flippt hien eng Kéier zerguttstert aus an da geet et nees. „A weider mam Jabel", wéi d'Annie ëmmer seet.

D'Annie ass meng Tatta Annie, och wa mir net Famill si mateneen. Iergendwéi si mir et awer. Si wunnt elo zu Keespelt, mä fréier huet si zu Uewerkuer gewunnt, niewent menger Boma. Si ass schonn zimlech al. Mëtt 70 oder bal 80, keng Ahnung, wéi al genee, mä si ass nach zimlech fit a gëtt mir ëmmer gär gutt Rotschléi, besonnesch, wann den Edmond op der Couche läit ze pennen. Een anere Sproch vun hir ass: „Wann de Vull steet, da steet de Verstand". An da kuckt se sou rosen op hire Mann, wénkt mam Kapp a seng Richtung an dréckt mir een A zou. Hien trëllt ganz friddlech an onschëlleg an der Fotell a schnaarcht. Si mengt bestëmmt, hie géif vu Playboy-Mossen dreemen, mä Dreeme wäert dach wuel nach erlaabt sinn! Déi si scho witzeg, déi zwee.

Et huet kee Wäert, laang doriwwer nozedenken, ech soen dann och näischt dozou, ënnerdrécke just mäi Grinsen.

Ech ka gutt Gefiller verstoppen; och wann ech nervös oder opgereegt sinn, mierkt ee Friemen mir dat meeschtens guer net un. Och de Jasiri hat am Ufank net matkritt, dass ech bannendra kribbeleg war, wéi mir matenee geschwat hunn.

Am Zuch fir an d'Stad souzen de Jasiri an ech nämlech eng Kéier zoufälleg beieneen, an hien huet mech ugeschwat, wéi ech amgaang war, a menger Posch ze kromen. Ech hat grad just eng CD vu mengem absoluten TOP-Liiblingssänger erausgeholl, do sot de Jasiri „TOP STUFF, DÉI MUSEK!" Jo, an esou koume mir an d'Gespréich, dat war zu Luerenzweiler. Bis an d'Stad huet et do nach méi wéi zéng Minutte gedauert, a mir hunn déi ganzen Zäit gebraddelt an et gouf net langweileg. Wéi mir ukoumen, huet de Jasiri mir ee Kuss op de Bak ginn a gesot, hie giff mir uruffen, mä leider hätt hie jo guer net meng Nummer. Ech sot him mäi Familljennumm an dass mir am Telefonsbuch stinn an natierlech, dass mir zu Schieren wunnen. A wéi ech bei d'Schoul getrëppelt sinn, hunn ech lues fir mech selwer gesonge mat den Hänn an den Täsche vu menger gieler Jackett, mat der Kaputz um Kapp, well et liicht gefisemt huet.

„Immer, wenn es regnet ..."

De Mathematik-Proff
LUCIEN BLAU

Hie wuar deen éischte Proff, deen ech gefaart hunn. Déi éischt Mathe-
matik-Stonn um éischte Schouldag ass hie bei eis an de Sall erageflunn
oder besser gesot eragefall komm ewéi de Fuuss an den Hingerstall.
Fir d'éischt hunn ech emol eng Strof kritt, well ech op der Bänk stung
an „Ich hab Heimweh nach Sankt Pauli" vum Freddy Quinn gesong
hunn. Duerno sot hien „Prenez une feuille et écrivez", a seng riets
Hand huet schonn „Les nombres" op d'Tafel geschriwwen, wéi mär
nach verwonnert dragekuckt hunn.

Déi Schüler, déi schonn e Block oder eng Farde matbruecht haten,
si geplëmmt ginn an hu misse Blieder erausrécken. Anerer hu Bicen,
Bläistëfter, Füllfiedere gedeelt, an éier mer u wuaren, hat de Louis bal
d'ganz Tafel vollgeschriwwen a wuar amgaang, mat der lénker Hand
schonn nees auszewëschen.

Sou ass dat eng Stonn weidergaang. Mär wuaren ëmmer hannen-
dran an hate grouss wäiss Flächen am Text. Mär koumen einfach net
no. Esou schnell konnte mär net schreiwen. Scho guer net an eiser
Schönschreibschrift.

Wéi et geschellt huet, huet hien d'Kräid falegelooss a sot nach,
iwwerdeems hien op d'Dier lassgesteiert ass „C'est à écrire dans votre
cahier et à apprendre pour la prochaine leçon, c'est-à-dire pour demain."
Scho war hie verschwonn.

Mär hunn eis alleguer wéi Moundkaalwer ugekuckt.

No der Schoul souze mer zesumme beim Ralph doheem. Déi ganz
Clique aus dem sechste Schouljoer aus dem Brill. Jiddereen hat eppes
aneschtes vun der Tafel ofgeschriwwen. An dat meeschtens och nach
falsch. Mär hu versicht, aus all deene Puzzlestécker e kompletten Text
ze bastelen, vun deem mer awer och guer näischt verstan hunn. Dat
alles ass eis chinesesch virkomm. Oder ewéi Hieroglyphen.

Den Dag drop hu mer gespaant op hie gewaart. Deeselwechte Szenario huet sech exakt widderholl. Mam Ënnerscheed, datt mer déi Kéier schonns prett do souze mam opgeschloenen Heft a mam gezéckte Bic.

No zwou Woche wuar déi éischt Prüfung. Mat bleechen oder feierroude Gesiichter souze mer an der Bänk. D'Hänn wuare schweesseg. Hien huet blëtzschnell e Questionnaire ausgedeelt. Iwwert dem Ausdeelen huet hien e puermol gesot „Le premier qui regarde du côté de son voisin, aura un zéro."

Ech hunn de Questionnaire e puermol gelies, mee hunn nëmmen d'Halschent verstan. Mäin Häerz huet ferm geklappt an äiskal Schweesspärele si mer ënnert den Äerm op mäi gliddege Kierper gefall.

„Blau, qu'est-ce que j'ai dit, lorsque j'ai distribué le questionnaire? Vous pouvez déjà vous écrire un -20 points en haut de votre copie."

„Mais je n'ai rien fait. Ech hu guer net beim Noper gekuckt."

Vu Schreck si mär d'Tréine komm.

„Deen Aasch! Ech haassen deen Iesel!", sot ech zu mengem Noper.

„Schreif weider. Du wäerts dach elo net wéint deem Rëndvéi hei och nach kräischen."

Daper hunn ech weidergeschriwwen.

Iwwert der Prüfung ass hie stänneg duerch de Sall geruddert. Huet sech blëtzschnell gebéckt, huet ënnert d'Bänke gekuckt, ob do keng opgeschloen Hefter léichen, huet sech erëm opgeriicht an ass weider op d'Juegd no Knäipziedele gaang, huet a Schachtelen erageluusst.

„Dee mécht mech verréckt."

Ech hu versicht, op d'Froen z'äntwerten. Ëmmer erëm hunn ech op d'Auer gekuckt, wou den Zär onbaarmhäerzeg weidergedréint huet, ouni datt vill Gescheites op mengem Prüfungsblat dobäikomm ass.

„Encore 5 minutes!", huet hien op eemol vum Pult aus geruff.

„Dee geet mer ferm op d'Nerven!"

„Encore une minute!", huet hie méi spéit geruff. An dann „Déposez vos bics!"

Éier mer eis ëmsinn haten, hat hien d'Prüfungen agesammelt a wuar verschwonn. Zréckgelooss huet hien 30 Kanner, déi um Buedem zerstéiert wuaren.

D'Stonn drop huet hien eis d'Prüfung erëmginn. Hien huet de Corrigé un der Tafel gemat an eis an all Zeil genësserlech matgedeelt, wat mer alles falsch gemat hätten. Duerno huet hie sech feierlech op d'Pult gesat.

„Déi Genügend sinn esou rar ewéi d'wäiss Mais."

Ugefaang huet hie mat der schlechtster Nummer. Déi wuar fir mäi Kolleg Louis.

„Je vous ai donné trois points. Un point pour l'encre et deux points parce que vous avez écrit ,Les Nombres'".

De Louis ass mat engem nach méi roude Gesiicht ewéi soss zréck op seng Plaz gaang an huet sech niddergeschloen a seng Bänk fale gelooss.

Anerer hu gefrot, fir op d'Toilette kënnen ze goen.

Lues a lues sinn d'Nummere geklomm. Bei 28 wuar ech un der Rei. Déi 28 wuar agekreest an doniewent stoung: „Vous devez faire beaucoup d'efforts !"

Hien hat mer keng 20 Punkten ofgezunn.

D'Hausaufgaben huet hie penibel kontrolléiert. Hien ass ëmmer mam Daum iwwert d'Hausaufgab gefuer. Huet den Text sech da verwëscht, wuar säi Kommentar „Vous avez copié sur quelqu'un pendant la récréation." An et huet een eng Strof kritt.

Fir déi zweet Prüfung hunn ech mech vreckt geléiert. Awer ëmmer mat enger ënnerschwelleger Angscht. Ech krut eng gutt Nummer. Hien huet mech un d'Tafel geruff a mech virun der Klass gefrot, wéi ech dat gemat hätt.

„Monsieur, j'ai suivi vos conseils. J'ai appris régulièrement. J'ai révisé tous les jours."

Domat wuar hien zefridden. Hien hat bewisen, datt hien e grousse Pädagog wuar. E Pädagog, deen och der Meenung wuar, et dierft a senger Stonn gelaacht ginn, wann hien de Moment dofir festgeluecht huet. An esou Fäll huet hien dann e Witzebuch erausgeholl, wou Witzer fir déi verschidden Altersstufen dra wuaren. Vun eis krut hien no all Witz e forcéiert Laachen ze héieren. E Laachen, dat eis am Hals stieche bliwwen ass.

Seng Pedanterie ass wäit gaang. Wann hien ze spéit fir eng Prüfung koum, huet hien eng kleng Fro oder e Stéck vun enger Fro ewechgelooss. D'Prüfung ass dann nëmme bis 56,75 gaang. Dat huet hien herno erëm op 60 Punkten héichgerechent.

Ech wuar ëmmer opgereegt a sengem Cours. Eng Kéier hat ech eng gutt Prüfung geschriwwen, awer wéi et geschellt huet, sinn ech an d'10-Auer-Paus gelaf, ouni ofzeginn.

Wéi mer aus der Paus erëmkomm sinn, louch meng Prüfung nach ëmmer op der Bänk.

E puer vu menge Kollege si mat mer bei d'Konferenz gelaf. Ech hu geklappt, déi grouss Dier ass opgaang, an ech hu mech héieren nom Mathematik-Proff froen. Dee koum dunn och, an ech hunn him mat Häerzklappen an enger ziddereger Stëmm erkläert, wat geschitt wuar.

„Hues du elo nach an der Paus dodru geschriwwen?"

„Neen, hie wuar déi ganz Zäit bei eis", hu meng Kollegen am Chouer geruff.

Hie sot, hie géif sech emol iwwerleeën, wat hie maache géif, huet d'Prüfung geholl an déi grouss Dier erëm viru menger Nues zougezunn.

Hien huet meng Prüfung gezielt. Dat hunn ech him héich ugerechent.

D'Geometrie wuar mäin Doud. Ech hunn dat net verstan, mat all deene Wénkelen an Theoremen. Also hunn ech versicht, dat alles auswenneg ze léieren.

Eng Kéier hunn ech mer sonndes iwwert engem Fussballsmatch vun der Alliance stänneg eng Demonstratioun opgesot. An der Prüfung hunn ech déi dann och ouni e Feeler op mäi Fardeblat gezaubert. Mee d'Zeechnung, déi d'Grondlag vun der Demonstratioun wuar, hat ech komplett falsch dohigemoolt. De Proff wuar ausser sech, wéi hien d'Prüfung erëmginn huet. Hien huet mech esou kleng gemat, datt ech ënnert der Dier hätt kënnen duerchschlëppen, fir mech um Gank ze schummen.

De Pablo an d'Juliette
JOSY BRAUN

D'Juliette hat der aachtanzwanzeg. Säi Buttek luch e wéineg hanner-wands, mä dat mouch näischt. 't hat all Zorten Tubak an Zeidongen, a bal all Leit aus dem Véirel an der Konn. Och dee jonken Auslänner, deen all drëtten Dag bei hatt säin Tubak siche koum. En heescht Pablo, dat hat et séier raus.

D'Juliette huet sech net beklot. 't goung him eigentlech gutt. Hatt war frëndlech mat de Leit, an d'Leit mat him. An d'Fraen, déi eng Illustréiert kafe koumen, bloufe gär eng zéng Minutten, fir ze tozen. Di eeler Männer och. Déi méi jonk ware méi prësséiert, mä se hunn awer heiansdo e Witz verzielt, well d'Juliette esou häerzlech laache konnt.

Heiansdo hätt et dem Pablo deen neitste Witz gäre weidererzielt. 't war senger Saach just net sécher, ob dat him géing op Franséisch geroden. De Pablo huet him gutt gefall.

't war sech och net eens, ob et e Spuenier oder Portugis wier. En huet ni eng auslännesch Zeidong kaaft, nëmmen Tubak a Bliedercher, all drëtten Dag. En hat ganz schwaarz Aen an eng ganz brong Haut vun der Sonn.

Wéi enges Daags a Spuenien e Fliger erofgefall ass, huet et e Koup spuenesch Zeidongen op d'Téik geluecht. A wéi de Pablo koum, huet et mam Fanger op d'Bild an der Zeidong gewisen. „C'est terrible", sot et. „Oui, c'est terrible, ça!", sot de Pablo. En huet d'Zeidong awer net kaaft.

Zanter enger Woch weess d'Juliette, wou de Pablo schafft. 't hat en hannert der Godrongsmaschinn am Neiduerf gesinn. En hat keen Hiem un, well 't war waarm. En ass wierklech ganz brong gebrannt. A Muskelen huet deen!

De Mario Soares koum op Besuch, an d'Zeidonge ware voll. Hatt huet der nach eng Kéier sou vill verkaaft wéi soss: lëtzebuergescher an och portugisescher. Just de Pablo huet keng kaaft. „Il vous plaît?", frot hatt de Pablo. Deen huet e wéineg gelaacht a gesot „Il vient chez nous demain, dans la grande salle au Limpertsberg."

D'Juliette hat mol e Freier, mä da's scho laang hier. Duerno wollt et ni méi een. Mä fir de Pablo hat et eppes iwwreg. En ass just net sou gespréicheg wéi anerer. Säi klengt Laachen deet dann duebel gutt. Wéi al soll e sinn? Sou al wéi hatt oder eppes méi? 't war schwéier ze soen. Samschdes huet e well ëmmer eng schmuel Mapp ënnert dem Aarm, wann e kënnt.

„C'était bien, au Limpertsberg, l'autre jour?", frot et hie virun e puer Deeg.

't hat deen neie Roman op d'Téik geluecht, deen et am Bicherpak rakritt hat.

„L'amour vint à l'aube" huet e geheescht, an 't war eng Koppel drop, déi sech ëmäerbelt huet. „Ah, c'était formidable", sot de Pablo, „on a joué de la musique de chez nous jusqu'au soir." D'Buch huet en net bekuckt.

Gëschter huet et erausfonnt, wou e wunnt: 't huet en am Clausener Bierg gesinn, wéi en an en Haus ragoung. Do wunnen nach méi Portugisen. 't ass e ganz proppert Haischen. En hat nees déi Mapp ënnert dem Aarm. En hat hatt gesinn, déi aner Säit um Trottoir an huet liicht mat der Hand gewénkt. „Bonjour", sot en. „Bonjour, Pablo", sot hatt. Lo weess en, datt hatt weess, wéi hien heescht.

Haut muss e säin Tubak a seng Bliedercher siche kommen. D'Juliette huet déi fonkelnei Blus ugedon, déi et gëschter an der Stad kaaft huet. Vir ass eng Margréitchen drop an e Päiperlek.

't huet sech gëschter och en neie Parfum kaaft. Sou en deieren hat et nach ni. Wann et hannen aus der Kichen an de Buttek kënnt, richt et eng Grëtz derno. Op d'Téik huet et eng grouss Vase mat Margréidercher gestallt.

't gesäit, wéi de Pablo déisäit um Trottoir steet a riwwer op de Buttek kuckt. Da kënnt en iwwer d'Strooss. Ganz lues. E bleift virun der Butteksfënster ston a kuckt. Dat huet en och soss mol gemaach, mä ni sou laang. Hatt ass ganz opgeregt. E war och nach ni sou flott ugedon. 't ass Samschdeg, e geet bestëmmt op e Bal.

Wéi en erakënnt, laacht en iwwer d'ganz Gesiicht. „Maintenant je sais", laacht en, „vous vous appelez Juliette, et votre nom de famille c'est Marson, et la boutique c'est ‚Au petit kiosque'."

„Mais oui!", laacht d'Juliette. 't ass lo awer eng Grëtz duercherneen.

De Roman läit nach ëmmer ënnert de Margréidercher.

„À l'aube, ça veut dire quoi?"

„Le matin", laacht d'Juliette, an hien och. „C'est déjà l'après-midi!"

Si laachen allebéid.

„Il n'est jamais trop tard", seet hatt dunn, 't ass bal erféiert iwwer säin eegene Courage.

„Ça c'est vrai", seet hien, „je crois que je vais acheter un journal aujourd'hui. Vous avez en portugais, n'est-ce-pas?"

A wéi d'Juliette net direkt eppes drop seet, fiert hie virun:

„C'est un grand jour pour moi. Maintenant je viens tous les jours. Maintenant je sais lire ..."

D'Juliette denkt herno réischt drun, datt et him d'Hand ginn huet.

't huet gesot, „mais c'est formidable ça, toutes mes félicitations!"

Dat Schéinst awer ass, elo kënnt en all Dag.

Dräizéng
TULLIO FORGIARINI

[...]

Meeschtens stellen ech mer vir, wéi mer et mateneen dreiwen. Hei-ansdo stellen ech mer awer och vir, d'Nathalie wär meng Mamm. Oder wéinstens meng grouss Schwëster ... An dann ..., dann ass et anescht ..., et wär och alles anescht ginn, wann ...

– Ech hunn dem Shirley e puer vu menge Saache ginn ... Saachen, an déi ech net méi rapassen ...

D'Nathalie laacht schonns erëm. Ech sinn nach ëmmer rout am Gesiicht.

– Bass de hongreg?

– Jo. Mega ...

– Da komm an hëllef mer!

Ech hu mer missen d'Hänn wäschen. D'Schiertech hunn ech net ugedoen. Ech hu missen en Dëppe mat Waasser fëllen. Mat waarmem Waasser. A Salz dra maachen. Grafft Salz. En Zoppeläffel esou. Knuewlek an Ënnen huet d'Nathalie geschielt a kleng gehackt. Well dovunner muss ee kräischen. An hatt wéilt seng Schüler jo net kräischen doen. Sot hatt. Ech mengen, dat war e Witz. Ech hunn dann och iergendwéi gegrinst. Ech hu missen Tonne Geméis kleng schneiden a wäschen. Tonnen! Also Tonne verschidden. A bei allem krut ech ëmmer gesot, wéi dat heescht. An deem blöden Toun, wéi d'Proffen ëmmer mat engem schwätzen. Wéi wann een e Gehirkrëppel wier. *Dat ass eng Courgette. Ët seet een och Zucchini. An dat ass Broccoli. An dat ...* Et ass alles, datt ech et net hu misse widderhuelen ... Ech hunn näisch gesot. Sinn emol net richteg rose ginn. 't war jo vläicht emol net express. Proffen, Educatricen ..., déi sinn all esou ...

D'Nathalie huet alles an eng Pan geklaakt. An dono nach Toma-tenzooss dobäi. An Nuddelen an d'Waasser, wéi dat gekacht huet. An dunn hu mer eng Cola gedronk. Ech hunn näischt gesot. D'Nathalie och net. Gutt, datt dunn d'Shirley opgedaucht ass.

Seng Hoer waren nach ganz naass. An houngen him an d'Gesiicht. A vun de Spëtze sinn dauernd kleng Drëpsen op seng wäiss Blus gefall an hunn däischterduerchsiichteg Flecke gelooss ..., um Nathalie senger Blus am Fong. Eng vun dem Nathalie sengen duerchsiichtege Blusen. Si war dem Shirley ze grouss. Virun allem vir. Do krut hatt se net esou richteg gefëllt. Dofir huet et se awer grad esou grouss opstoe gelooss ... An d'Jeansbox huet och just mat engem Rimm gehalen ...

D'Shirley huet direkt ugefaang, mam Nathalie ze quatschen. Esou voll op Kolleg, esou. An domm ze laachen. A geduuzt huet hatt d'Nathalle och nach. An dat huet näischt gesot. Guer näischt. Just e bësse gegrinst. Esou wéi d'Leit grinsen, wa meng M..., wann d'Sandra schwätzt. Esou e bësse genéiert an e bësse Matleed ...

– D'Iessen ass fäerdeg!
– Kënne mer nach séier eng fëmme goen?
– D'Nuddele sinn eraus ...
-Dajee, Nathalie! Bitte ...
-Ok. Mee um Balcon. Ech komme mat ... Wëlls du och eng?

Natierlech wëll ech och eng! Mee dat Ganzt ass mer ëmmer méi louche. Esou saufrëndlech ka kee sinn. Ech hunn de Kerschemeyer mat engem Messer bedrot, mir sinn ugedréckt ... An d'Nathalie fiddert eis mat Nuddelen an Zigretten ... Hatt wëllt eis roueg halen, bis d'Flice kommen. Vläicht ass eppes am lessen fir ..., fir ..., ech weess och net. Mee eppes ass louche. Esou fein ass keen. Net mat ..., mat mir ... an och net mam Shirley, der klenger Pute ..., obwuel, Pute ..., ouni Schmink gesäit et wierklech aus wéi dräizéng ...

[...]

Blues
POL GREISCH

Ginn ech ze wäit wann ech soen, ech hätt onheemlech no dir ver-laangert? Onheemlech ass vläicht net dat richtegt Wuert ... An dach: d'Angscht, et hätt kënnen eppes passéiert sinn, huet sech onheemlech eragreschlach an d'Verlaangeren ...

Du woors eng Éiwegkeet fort; schonn eleng eng Woch ass fir mech ouni dech eng Éiwegkeet ...

Ganz duuss lees du deng Hand op meng ... Ech muss mech op d'Strooss konzentréieren, soss géif ech dech kucke vun der Säit: Bass de frou oder trauereg? Du bass frou, du laachs esouguer; net haart, éischter bannenzeg, déif bannendran, stellen ech mer vir.

Ech gesinn dech ouni ze kucken: däi Bléck, däi Schallek ... Ma ech muss d'Strooss am A behalen. Mir kennen ons dach schonn e gudde Strapp ... En halleft Joerhonnert a méi? Oder iren ech mech? Ver-wiesselen ech ...? Vläicht téckt d'Zäit net méi richteg heiuewen an der Schierbel?

Op der Strooss sinn ech net méi de Jong vu fréier, mä soss ... Elo laachs de heederhaart: deen Tuppi!, denks de, denken ech. Elo eréischt mierken ech, datt deng Hand nach ëmmer op menger läit: Däi Lapislazuli an drënner däi Stär fénkele blo wéi däi Bléck, spigele sech an der Glace, verblenne mech. Ech huelen de Fouss vum Gas, drécken d'Brems, soss knuppt et.

Ginn ech ze wäit wann ech soen – ganz de Romantiker vu fréier, liicht rout am Gesiicht –: Ech hunn dech gär? Ne brûlons pas les étapes, soen ech mer: E Meedche wéi dech duerf een net brüskéieren. So einfach, soen ech mer: Ech si frou, datt ech dech hunn. Ma well ech ower net wëll esou possessiv sinn, wéi d'Männer meeschtens, an ech si jo ower kee Mann wéi d'Männer meeschtens, mengen ech emol, soen ech einfach: Ech si frou, dass du do bass.

Dat heescht: den Ament soen ech emol nach näischt, gi vum véierten an de fënnefte Gank, genéissen deng duuss Hand op menger an dat blot Gefénkels an der Glace ...

Esou fueren ech mat dir bis un d'Enn vun der Welt ...

A wéi mer ukommen um Enn vun der Welt, klammen ech eraus an – ganz den Gentleman vu fréier – maachen der d'Dier op, reechen der d'Hand, den Aarm souguer ... an ech gesinn: Du bass guer net do.

Ech denken nach vill un de Mike*
CATHY CLEMENT

Ech denken nach vill un de Mike. Och wann ech elo méi staark sinn. D'Liewen ass leider keng Televisioun. Ech vermëssen hien an och säi Kolleg, de Georges, e bëssi. Ech hunn een aalt Blat mat Froen. Do stoung drop: Was findest du gut an mir? Do hat de Mike geschriwwen: dein Charakter, an de Georges: alles.

Lo soen se mir knapps Moien. Alles huet sech verännert. Eng Kéier war alles bal perfekt. Wann ech mech do net an de Mike verléift hätt, wieren si haut nach meng Frënn an ech géing nach mam Yves goen. A wann ech e bëssi manner naiv a selbstbewosst am Ufank mam Yves gewiescht wier, hätt ech hien och an de Gréff kritt. Well sou schlecht ass hien och net. Mee et ass ëmmer sou, wann een och schonn d'ganzt Gléck huet, et wëll een ëmmer méi. Lo kinnt ech mech mam Fouss stoussen, well ech ni zefridde war. Mee ech war och nach kleng. Ze kleng?

Ech ginn d'nächst Joer op d'Paramédicale. Ech weess net, ob ech wëll. Ech si schlau genuch fir de Lycée classique. Wëll ech Infirmière ginn oder rieden ech mir dat just an? Ech haasse sou Decisiounen. Bleiwen ech d'nächst Joer am Pensionat? Soll ech mir nees e Rendez-vous bei mengem Psycholog huelen? Wat soll ech mam Marc maachen? Wëll ech hien? Kréien ech hien? Kréien ech iwwerhaapt nach eng Kéier een? Wéi soll ech mech behuelen? Wéi soll ech mech undoen? Soll ech eng 50-Kubik oder eng Vespa kafen? Wëll ech iwwerhaapt an der Vakanz schaffe goen? Jo, lo hunn ech d'Plaz ... 't gëtt Zäit, dass ech ufänken, och fir muer ze liewen. An zwee Méint kréien ech 16 Joer. Ech kann dat net realiséieren. Ech muss ophalen, mech mat der Vergaangenheet ze beschäftegen a mech menge Problemer mat klorem Kapp stellen.

Ech hunn opgehal mat Fëmmen. Alt nees eng Kéier. Ech lauschtere Kuschelrock, mee ech hu kee fir ze kuschelen. Wëll ech iwwerhaapt een? Wou mierken ech, dass ee Jong et eescht mat mir mengt? Dat ass mäi Problem. Soll ech bieden, wéi meng Elteren? Hinnen hëlleft dat jo anscheinend. Mäi Papp seet, ech wier e gudde Mënsch, wann ech net géif wëssen, dass ee mir géing nokucken. Ech wier rücksichts- a verständnisvoll. Ech si frou, wann hien dat seet. Vläicht gëtt erëm alles gutt. Wat heescht „rëm"?

Ech weess net, ob ech et jeemools richteg gutt hat, oder sinn ech just ze kriddeleg? Mäi Psycholog sot, et wier gutt, dass ech schonns sou jonk gemierkt hunn, wat Problemer sinn. Huet hie Recht? Mee eent steet fest: Ech sinn net aleng!

Meng net, ech hätt se net méi all. Ech gesinn zimlech wäit, och wann ech dat selwer net ëmmer mierken. Ech si schlau an och net ellen. Ech brauch keng Komplexer ze hunn, wann ech mech een Owend net ausnotze gelooss hunn. Ech hat der scho sou vill. An déi sinn och net besser wéi ech. Jiddwereen huet seng Problemer. Ech hu meng, an du hues deng. Mee mir kënnen eis géigesäiteg hëllefen. Well fir déi aner sinn engem seng Problemer vill méi kleng, an dofir wëssen si éischter eng Léisung wéi deen, dee verzweiwelt ass. Merci un all déi, déi mir gehollef hunn. Ech sinn ëmmer fir iech do. Kommt roueg bei mech. Mee dee gréisste Merci geet un d'Carine, un de Pol, de Jules an de Leo. An natierlech u mech selwer.

Meng éischt Zäit am Lycée
LUCIEN BLAU

Ech wuar elo am Lycée zu Esch. Fir genee ze sinn am Jongelycée, well et deemools jo nach d'Geschlechtertrennung an de Schoule gouf.

Eng vun den éischten Erfarungen a menger neier Schoul wuar, datt ech mueres hu misse méi fréi opstoen. D'Louise ass mat Zäiten a meng Kummer eragestiermt, huet meng Rolllueden eenzock eropgezunn, „opstoen" gejaut, ass d'Trapen erofgejauft an huet ugefaang, an der Kiche schrecklech Kaméidi ze maache mat de Schafendieren, den Telleren an den Tasen. Dertësch huet hatt am Minuttentakt zur Kichendier eraus „opstoen" geruff. Ëmmer méi haart a méi energesch. Bis ech dann endlech an der Kichen erschénge sinn a schnell meng Schocklasmëllech gedronk, meng Schmier eragewiergt, de Schoulsak gepaakt hunn an op d'Busstatioun gerannt sinn.

Mam Bus wuar ech ëmmer nëmme bei den Aendokter Thull oder bei meng Kosengen, de Johny an de Claudy, op Esch gefuer. Meng Primärschoulszäit hat sech bal zu honnert Prozent zu Diddeleng ofgespillt, an dat och nach op ganz bestëmmte Plazen: An der Ceca-Strooss, am Brill, an der Briller Schoul, am Schoulhaff, an der oppener Schwämm, um Scoutebierg, an der Léi, an der Kierch, op de Fussballsterrainen an natierlech an de véier Kinoen, wou ech mer regelméisseg mat menge Fräibilljeeën amerikanesch Filmer op d'Long gezunn hunn.

Et war e ganz neit Gefill, esou mueres fréi mat engem Schoulsak op der Busstatioun an der Pasteurstrooss mat anere Jugendlechen, Jongen a Meedercher, op den TICE-Bus ze wuarden. Am Ufank nach an der Septembersonn, déi vun Dag zu Dag schonns ofgekillt ginn ass vun enger frëscher Septemberlëftchen.

Dann ass den Himmel lues a lues ëmmer méi däischter ginn, bis ech nach just d'viischt Luuchte vum blo a wäisse Bus gesinn hunn op mech duerkommen, begleet vum Bromme vu sengem Motor an dem

Houschte vum Auspuff. An de verreenten Hierschtméint ass et ëmmer méi ongemittlech ginn an et huet am Bus no den naasse Jacketten a Mäntel gericht. D'Fënstere wuare beschloen, an da sinn ech an der Däischtert duerch Diddeleng iwwer Keel op Esch getuckert.

Knapps wuar de Bus e puer honnert Meter gefuer, ass e schonns erëm stoebliwwen. Mat engem Zische sinn Dieren opgaang, an e ganzen Trapp Schüler ass mat vill Kaméidi erageklomm an huet déi, di am Gang stungen, no hanne gedréckt. Ënnert deenen Neie wuare Kollegen a Frëndinnen (déi ech freedeg begréisst hunn), awer virun allem vill nei an onbekannt Gesiichter.

Am Ufank hunn ech de Bus guer net verdroen. Vläicht well et esou fréi mueres wuar. Derbäi koum och nach d'Opreegung wéinst der neier Schoul. Déck gestéiert huet mech dee fierchterlechen Ofgasgestank am Bus. Ech hu geméngt, den Auspuff wier bannen am Bus an net dobaussen.

De Bus wuar nach keng 3 Minutten a 5 Kéieren ënnerwee, do hunn ech schonns ugefaang, déi éischt Unzeeche vu Katzen ze spieren. Et ass mer wuarm a kal ginn, de Schweess stoung mer op der Stir, et wuar mer dronken, ech hu geschléckt a gewiergt. No enger Woch hat ech mech un de Gestank vum Bus gewinnt a konnt elo endlech d'Ambiance genéissen, well am Bus wuar ëmmer eng lass. Zemools an der Këscht oder an der leschter Sëtzrei.

Wa mer zu Esch ukomm sinn, hate mer eis wierklech ausgetobt, eis gezielt, wat mer de Week-end erlieft a wat mer um Fernseh gekuckt haten. Mär hunn den Décken an den Dënnen, also de Laurel and Hardy, an aner Serië vun Télé Luxembourg ewéi „Au nom de la loi", mam Steve McQueen, „Ivanhoe" oder „Police des plaines" nach eng Kéier erzielt an eenzel Zeenen nogeschwuat. Och d'Musek vum Générique hu mer gesong. De Schausse Jules huet als Dënne geglänzt a konnt all deem seng Gesten a Minne perfekt nospillen. „C'est moi Laurel, c'est toi Hardy" hu mer dann am Chouer gesong, iwwerdeems de Jules sech ewéi den Dënnen uewen um Kapp d'Buuschte geriwwen an dobäi gekrasch huet.

D'Fussballsmätscher vun deenen dräi Diddelenger Clibb si méindes ausféierlech kommentéiert ginn. Vill Sträit gouf et, wa grad e Lokalderby um Programm stoung.

„D'Arbitteren halen ëmmer zu der Stad. Dat ass jo och den Arbeds-Club."

„Dat ass egal, den Cirelli an den Zambon hu se awer erëm platt gemat an dronke gespillt."

Anerer hunn d'Performance vum Kleins Jang vun der US ënnerstrach. „Hues de gesinn, wéi schnell d'Sau erëm gelaf ass. De Speedy kritt keen erëm. Hien huet mam RSC Anderlecht an engem Frëndschaftsmatch géint den LOSC vu Lille gespillt. Déi wollten hien onbedéngt halen. Am Sports de Bruxelles hu se de Jang héich gelueft a geschriwwen, hie wier méi schnell ewéi den Gento."

„Den Cirelli's Heini wuar och e Joer Profi an der Belsch", sot en Alliance-Unhänger. „Zu Berschot" – „Jo awer nëmmen ee Joer", huet ee vun der Stade, dee jalous wuar, geäntwert. „An elo spillt en an der US Diddeleng", sot dann ee vun der US.

Anerer erëm hunn d'Filmer aus den Diddelenger Kinoen ausféierlech beschriwwen fir jiddereen, dee se net gesinn hat. Oder mär hunn d'Proffen nogemaach mat hiren Ticken.

Flott wuar, datt sech alles widderholl huet. Sinn ech an de Bus geklomm, hat schonn e Kolleg aus dem Wolkeschdall mer eng Sëtzplaz gehal. Ech hu mech ëmgekuckt an nom Cadelli's Louis gesicht, mengem Kolleg aus dem sechste Schouljoer, dee grad amgaang wuar, seng drëtt Schmier z'iessen. Hien huet mueres doheem schonn zwou Schmiere verdréckt an ass da mat enger Schmier am Grapp an de Bus geklomm. Am Sëtzen oder am Stoen huet hien et fäerdegbruecht, sech déi drëtt Schmier ganz a säi Mond eranzestiechen an hannendrop nach eng Tomat mat de Fangeren nozedrécken. Dat Ritual ass vun eis all bestaunt ginn a mär hunn al Mueren drop gewuart, dass hien déi Kéier dobäi erstécke géif. Duerno huet de Louis minuttelaang roueg mat sengen décken Hamsterbake geknat a gewiergt, bis alles gemuel an zerklengert a sengem risege Mo ukomm wuar. Well dat alles esou ustrengend wuar, huet säi Gesiicht bei deem Exercice eng feierrout Faarf kritt, an de Schweess ass him nëmmen esou vun der Stir erofgelaf.

De Stringaro, en anere Kolleg aus eiser Primärschoul, wuar schonn erëm domat beschäftegt, seng krauseleg, mat Brillantine agefetten Hoer mat deenen zwou Hänn plattzedrécken. Minutiéis huet hie vun uewen a vun de Säite seng Handfläche fest widdert säi Kapp gedréckt, dee mat der Zäit – esou ass et eis virkomm – ëmmer méi rechteckeg ginn ass.

All Geleeënheet wuar gutt, fir e Kolleg op den Aarm ze huelen. Dat ass natierlech heiansdo och op déi eege Käschte gaang. Ech erënnere mech, wéi ech an de Bus geklomm si mat mengem neie grénge Lodemantel, dee mer selbstverständlech beim Monni Nico kaaft haten. Oder besser gesot: Dee mer meng Mamm zesumme mam Monni Nico opgeschwat hat. „Kaf en a puer Nummere méi grouss", sot mäi Monni, „well hien ass jo nach am Wuessen. Et huet jo kee Wäert, all Joer en neien ze kafen."

Schonn am Buttek hat ech en ongutt Gefill, wéi ech mech am Spigel gekuckt hunn. „Deen doten doen ech net un, deen ass mer vill ze vill grouss", hunn ech protestéiert. „Déi laache sech kapott am Lycée, wa se mech doranner gesinn." – „Dat mengs du nëmmen esou. Du bass eben e fetten Hierk", sot de Monni Nico an huet eng Kéier op all Säit vum Mantel gezunn. „Sou sëtzt e perfekt", sot hien zefridden, an de Mantel ass agepaakt ginn an d'Diskussioun wuar eriwwer.

Ech hunn nach versicht, mech esou laang wéi méiglech ze drécken, ier ech dat Stéck undoe géif. „Mamm, et ass vill ze wuarm dobaussen, fir schonns dee Mantel unzedoen. Ech schweesse mech dout am Bus ..."

Mä de fatalen Dag ass komm, a knapps hat ech e Fouss an de Bus gesat, huet de Cadelli mam volle Mond gebläert: „Hei kuckt emol de Luss mengt, et wier schonns Chrëschtdag, well hien huet sech als Chrëschtbeemche verkleet." Ech si rout vu Roserei a Schimmt ginn. Wat ech méi rose gouf, wat si mech méi opgezunn hunn.

Pas si simple!
JHEMP HOSCHEIT

Heit! An der Schoul soen d'Proffen eis ëmmer, mär géifen net fir d'Schoul léieren, mee fir d'Liewen. Besonnesch mäi Franséischproff. Dee seet, et wär gutt Franséisch ze léieren, fir besser mat engem Fransous schwätzen ze kënnen, „fir sech besser z'expriméieren". Déi ass gutt! Dat ass einfach gesot! An do mëttes no der Schoul, do hat ech d'Chance meng Franséischkenntnisser anzesetzen.

Et ass en Auto laanscht gefuer. Ass stoe bliwwen. An de Chauffeur huet mech gefrot, wou et bei „la piscine" géif goen. Et war e Fransous: Ech sollt e Schlag kréien! Zum Gléck wosst ech, wat „la piscine" géif heeschen. Ech schreiwen dat Wuert meeschtens mat zwee „s" ... Ech stoung do wéi geriedert ... Hmmm ... La piscine ...? Hmm ...? An do hunn ech dru geduecht, wat mäi Franséischproff sot ... Lo weis de mol wat s de kanns ... Do war d'Chance vum Liewen ... La piscine? ... Alors vous prenez la première indirecte à gauche ... (en iwwerleet a klippst mat de Fanger) ... et ass eng Niewestrooss ... la première subordonnée indirecte à gauche et là, à droite, vous voyez ... hmmm ... e grousst Gebai? (sicht nom Wuert) ... une grande complexe ... avec une ... wéi heescht eng Fassad? ... avec une façade ... o wéi heescht déi Fuarf nëmmen? ... avec une façade indéfinie ... et là quand vous sont devant la complexe, vous prenez le chemin ... non! vous suivez (iwwerleet) nëmme riichtaus? ... vous suivez complètement ... directement vers une ... vers un grand magasin. Do freet e mech: „Quel magasin!" ... Un magasin avec une plante ... (iwwerleet) ... un cactus, äntweren ech him do. Souwäit ech hie verstanen hunn, war e paff, dass et zu Lëtzebuerg Kaktusse gëtt. Do sot ech: „Cactus, c'est le propre nom du magasin ..." Ob et och „des noms sales" zu Lëtzebuerg géife ginn, freet e mech do. Ech wosst net, wat en domat géing mengen an hu weidergefuer him ze erklären. Ech war schwäiwëll, dass déi houer Schwëmm sou wäit ewech louch. Vous passez ... antérieurement devant ce magasin et vous vous conjuguez transitivement jusqu'au point ... – „Mais quel point?", brëllt e mech un ... – „Au point d'exclamation. Là, aux lampes rouges, vous continuez. Vous ne prenez pas la rue ... merde! wéi heescht eng Einbahnstrooss? ... la rue avec le panneau avec le trait ... (mécht e Stréch duerch d'Loft) d'union, mais l'autre. Vous entrez donc dans le ... Kreesverkéier ...?? le trafic circon... circon... stanciel et vous vous accordez avec les autres voitures (mécht eng Dréinbewegung) qui passent ... Non! Non! Vous participez avec les voitures passées. Puis vous faites une ... ??? Dir fuert zréck an déi aner Richtung??? ... Vous faisez une inversion et là vous voyez un panneau d'indicatif ... présent, je crois ..." Ouf? Lo ware mer bal bei der Schwämm. Ech hat awer d'Flemm him de Rescht z'explizéieren, ech sot just, e soll do en anere froen: „Vous cherchez un auxiliaire ... vous ouvrez les parenthèses ... non, les fenêtres ... et vous posez lui un point d'interrogation. Vous pouvez aussi demander à un complément d'agent de police. Ils sont relatifs gentils chez nous!" Do sot de Fransous, dat wär „pas si simple" gewiescht. Do sot ech: „Et war futur simple!" Hien huet just nach gemengt, ech hätt e graven accent. Mee dat huet mär näischt ausgemeet. Ech war stolz, dass ech him de Wee sou gutt erkläert hat. C'était plusqueparfait! Muar froen ech mäi Franséischproff, e soll mär den accent grave ofgewinnen. Ech hätt léiwer en accent aigu.

Hausaufgaben – derfir, dergéint, oder wéi?
NICO GRAF

D'Rentrée, dat war d'lescht Woch. D'Kanner sinn erëm an d'Schoul gaang, an déi Grouss, déi hunn iwwert d'Hausaufgabe gestridden, streiden ëmmer nach.

Ech weess et nach wéi haut. Eng Liesung an der Dresdner Bank beim Palais. De faméisen Autor Uwe Johnson sollt liesen. Huet och gelies. Mä en huet ugefaang mat dësem Saz: „Ech hu meng Hausaufgaben net gemaach", sot den Uwe Johnson.

A mir alleguer, wéi mer do souzen, waren op eng Kéier … Schoulmeeschteren.

Esou ass dat mat den Hausaufgaben. Déi se maache mussen, sinn di Kleng, déi oppassen, datt se gemaach ginn, déi derniéft sëtzen, déi kontrolléieren, déi offroen, dat sinn déi Grouss. Wie preparéiert ass, deem geet et gutt, wien näischt futtéiert – bon, dee fuddelt sech derduerch a gëtt, deemno wéi, trotzdem berühmt.

D'Madammen aus der Educatioun maachen eis de Pléséier, just iwwert d'Hausaufgaben ze streiden. An d'Rolle si koppeg verdréit.

Wien ugeholl hat, déi Liberal wiere méi fir d'Spaassgesellschaft a fir entspaant Fräizäit ouni Stress – wie gemengt hat, d'Sozialiste wiere méi fir d'Aarbecht an d'Seriositéit – deen huet eng verkéiert Welt erlieft.

D'Madame back-to-basics-Brasseur wëllt, datt geschafft gëtt, an déi fréier Latäin-Proff aus der LSAP ass géint Hausaufgabe fir di Kleng.

Verdréinte Welt!

De Charme vun der Saach ass deen hei: do sinn der zwee unenee geroden, direkt, wéi Boxerinnen, déi aus dem rouden an dem bloen Eck kommen, d'gouf der lénks a riets op de Bak.

D'Schoul-Rentrée war d'politesch Rentrée. An dat ass gutt esou, mer hunn eis schonn e bësse gelangweilt. An en passant huet d'Anne Brasseur hirer Partei och gewisen, wien do an Zukunft d'Domina wëllt sinn.

Mee zréck bei den Eescht vum Liewen, bei d'Hausaufgaben. Am Fong verstinn ech déi zwou Fraen. Eis Kanner sollen eppes léieren, och doheem, och eleng mam Buch.

Punkt fir d'Anne Brasseur.

Mee: Kanner, déi ze laang do sëtzen – zwou, dräi Stonnen – dat ass zevill, Punkt fir d'Mady Delvaux.

Mee weider: zwou, dräi Stonnen Hausaufgaben, dat huet näischt méi mat Kandheet ze dinn, mee vill mat Büros-Aarbecht. An dat ass et wahrscheinlech, wou d'Fervente vun den Hausaufgaben eis Kanner wëllen hikréien: se solle séier léieren, wéi et herno am Liewe wierklech ass: Pabeier, Lineal, Bic, um Stull sëtzen.

Am Fong geholl gëtt der neier Educatiouns-Ministesch ee Saz iwwel geholl, deen hei: „D'Schoul soll Freed maan." Gelift, Freed, d'Schoul? Dat geet net. D'Schoul, geldiert, dat ass Drill, a Follegen, an Angscht hunn, an Datzen, an am Eck stoen. Eist Schoulverständnis ass am Fong geholl e bësse Sado-Maso. A wie géint dee Konsens verstéisst, dee kritt es.

An dann nach eppes. Wann ech sou driwwer nodenken, da mierken ech: ech hunn am Gréngewald, um Baskets-Terrain, um Vëlo, an der Steekaul ... méi geléiert wéi an der Schoul. An d'Hausaufgabe waren déi hei: wéi mécht ee mat roude Blumme rout Faarf? Wat fir Verstengerungen hu mer do fonnt? Firwat heescht den Hunnefiels Hunnefiels? Wéi fléckt een e Platten?

An deem Sënn: d'Schoul an hir Hausaufgaben, déi si schéin a gutt oder, wéint menger, och schlecht an ellen – mee d'Liewen, dat ass eppes aneschtes.

Den Ersatzschoulmeeschter
HENRI LOSCH

Wéi scho gesot, huet hien, knapps datt e kuerz virun Ouschtere vum Militärdéngscht entlooss gi war, de Schoulmeeschter vun Ierpeldeng bei Ettelbréck missen ersetzen. Den Titular vun där Schoul hat eng béis Longenentzündung erwëscht a sollt bis un d'Enn vum Schouljoer net méi untrieden.

D'Spannung war risegrouss, wéi deen neigebakene Pädagog mueres fréi um sechs zu Useldeng an den Zuch geklomm ass, fir op Ettelbréck ze fueren. Vu do aus waren et nach eng véierzeg Minutten zu Fouss bis op seng nei Schaff. An do ass en net nëmmen e bëssen erféiert, wéi en e Sall voll Kanner virun sech sëtzen hat, véieravéierzeg an aacht Klasse verdeelt.

Grouss Fënsteren hunn d'Luucht rafale gelooss an hunn déi vill Kannerae liichte gedoen, déi dee groussen Ersatzlehrer voller Erwaardung ugekuckt hunn. Hie stoung wéi laang bei der Fënster, mat Vue op de Goldknapp, dee Bierg, iwwert deem zu senger Kannerzäit zu Dikrech d'Sonn schlofe gaangen ass. Lo war et ëmgedréint. Vun hei aus gesinn, ass se mueres fréi opgaangen, an et war him, wéi wann se soe wëllt: „Vun elo un a vun hei aus ginn ech op, fir Luucht a Wiermt an däi Beruffsliewen ze schécken".

Mä fir laang ze dreemen, blouf net vill Zäit. Véieravéierzeg léif Geeschter hunn drop gewaart, mat Aarbecht gefiddert ze ginn. Keng einfach Saach. An all Fach hat jidder Klass Recht op e Wutz direkten Unterrecht, an dann, ier déi nächst un den Tour komm sinn, hunn déi vu virdru misse mat schrëftlechen Aufgabe beschäftegt ginn. De Kapp ass dem Här Lehrer bal zersprongen, well sou vill Fiedem am Gehir hin an hier gelaf sinn, fir e bëssen Uerdnung, e bësse System an e bëssen Iwwersiicht ze schafen. Computer gouf et deemools jo nach keng, d'Gehir huet déi Charge iwwerholl. Eppes Guddes hat dat u sech, well wann een do all déi Donnéeën aspeist, da bleiwen se omnipräsent.

Et war och net schwéier, fir sech ze konzentréieren, déi grouss a kleng Meedercher a Jonge waren déi rengste Musterkanner, roueg, disziplinéiert, an hunn dem Här Lehrer Zäit genuch geloos, fir den Oflaf vun sengem Programm am Geescht duerch z'exerzéieren. Dat grousst Meedchen aus dem aachte Schouljoer a säi Kolleg, et waren nëmmen zwéi Schüler an deem Alter, hunn sech ugebueden, deem Neien e Stéck vu senger Aarbecht ofzehuelen. Si hunn sech op d'Huppen nieft d'Bänke vun den Ibutzen aus deem éischte Schouljoer gesat, hunn hinnen de Griffel gespëtzt an hunn e gehollef, déi nei geléiert Buchstawen op d'Lee zauberen an déi aus deem zweete Schouljoer hunn se gedoen lues, ganz lues, sou datt déi aner nëmmen net gestéiert goufen, hir kleng Geschicht aus dem Liesebuch virzeliesen.

Den Ersatzhärlehrer ass sech virkomm wéi e groussen Orchesterchef, deen seng Soliste ferm am Gréff hat, a wann déi kleng Stëmme fäerdeg ware mat hirem Pensum Aarbecht, dann hunn se sech am Viraus op dat agestëmmt, wat déi Joren duerno hir Partitur sollt ginn. Si hunn d'Ouere gespëtzt an hu gelauschtert, wat déi méi Grouss am Rechnen, am Däitschen a Franséischen a besonnesch an der Geographie an an der Geschicht erzielt an expliséiert kruten, wat déi do geléiert an opgesot hunn. Den Exercice, deen hinnen et erlaabt huet, dat Joer oder déi Joren duerno, méi séier ze bekäppen.

An der Paus ass e groussen, schwéieren Här a schwaarzer Zutan mat engem Schéiferhond opgedaucht. Den Ersatz krut e Schreck, well dat freeschlecht Déier riicht op d'Kanner zougelaf ass, engem Jong seng Monsterpatten op d'Schëllere gelucht huet a versicht huet, em d'Gesiicht ofzelecken. Duerzou koum et net, säi Meeschter huet en erëmgepaff an dunn eréischt huet en deen Neie mat enger kritescher Kuck vun ënne bis uewen inspizéiert, huerteg d'Hand gereecht, mat där en engem Schmadd hätt kënne Konkurrenz maachen, an huet e bësse skeptesch konstatéiert: „Da sidd Dir den Ersatz. Sinn s'Iech net um Kapp erëmgedanzt? E bësse schwéier, bei Ärer Längt! Geldiert!“ E spëttesch Liichten huet a sengen Ae geglënnert. „A sange kënnt Der och! Dat hunn ech héieren, d'Fënster vum Schoulsall stoung jo wäitaffen op, wéi der just virun der Paus, dee flotte Kanon mat de Kanner gesongen hutt. Da kënnt Der bestëmmt och d'Mass sangen!“ En huet keng Äntwert ofgewaart an ass einfach virugefuer „An Harmonium spillen! Dat ass hei am Duerf dem Schoulmeeschter seng Charge."

Dee verdutzten Ufänger huet versicht sech kuerz virzestellen an dem Här z'explizéieren, datt hie wuel gär a gutt kéint sangen, awer leider nëmme Gei geléiert hätt. Vun der Uergel oder dem Harmonium géif en awer net vill verstoen. Den Här ass net drop agaangen. „Dir hutt jo lo gutt Zäit, wou ech bei de Kanner am Reliounsunterrecht sinn. Den Harmonium ass opgespaart, a fir unzefänken ass et och net schwéier. Mar hu mer eng schwaarz Mass. De *Requiem*, den *Dies Irae* an de *Lux Aeterna* wäert Der scho fäerdegbréngen. Bis mar dann!", sot en nach an huet d'Kanner gedoen, sech an d'Rei ze stellen.

Den Hond war deen éischten zur Schouldier eran. „Dee wäert dach net!", ass et dem Schoulmeeschter entfuer. „Dach! Dach!", huet de gréisste vun de Bouwe gelaacht. „Dee leet sech ënnert d'Pult a bleift bis un d'Enn vum Unterrecht do leien. Dat ass de braavste Schüler!"

Schoulliewen am Krich*
ROGER MANDERSCHEID

[...]

an der schoul haten d'kanner nei bicher kritt. am rechebuch huet de bouf misse mat der ganzer klass gewierkugelen zesummenzielen, ganz divisioune wehrmachtzaldoten a kompanië verwandelen, hakekräiz-fändele mat hausgiewele multiplizéieren oder fliger a geschwader op-deelen. meeschtens stukaen. hie war elo beim schoulmeeschter an der schoul; dee schoulsall luch gläichens dem buedem. am liesbuch ass d'hitler-jugend an duebele reie queesch duerch alpelandschafte marschéiert. ënnerschréft: „Hitler-Jugend auf froher Fahrt". si wäiss segelfliger iwwert d'buchsäite geschwieft, stung de „Bingener Mäuse-turm" wéi e strengen index aus de welle vum räin. dem bouf ass de schoulmeeschter virkomm wéi e monument op rieder. well en alles wosst. och aus der vergaangenheet. op all fro wosst hien eng äntwert. d'kanner net:

– wie heißt die meeresjungfrau auf dem rheinfelsen, die manchmal mit ihrer schönen stimme die schiffer auf ihren rheinschiffen betört? weiller.

– lilli marleen, herr lehrer.

– und welcher deutsche dichter hat diese jungfrau besungen? sein name und sein vorname beginnen mit h.

– heinrich, eh, heinrich eh, heinrich himmler, herr lehrer.

heiansdo war et lëschteg an der schoul.

– wann fand der dreißigjährige krieg statt? weber.

– das ist schon lange her, herr lehrer.

– setz dich, faulpelz. DER KLEINE JUNGE MIT DEM GROSSEN MUFF. abschreiben, ganz. für morgen.

– jawohl, herr lehrer.

de bouf huet heiansdo gemengt, hire schoulmeeschter hätt perséin-lech mam napoleon zu waterloo matgekricht.

den herr lehrer konnt esouguer an d'zukunft kucken:

– aus dir wird nichts, weber.

deeselwechte weber ass joren duerno an amerika zu sue komm an huet, fir eng vu senge fabricken opzeriichten, e gudde batz lëtzebuerger land opkaf.

rechne konnt hien, den herr lehrer, wéi de wand. awer turnen? géint d'turnen hat hien eppes. all joer gouf vläicht eng hallef stonn laang geturnt. schued. de bouf war esou drop versiess, ze rennen, ze sprangen, futtball ze spillen, vëlo ze fueren.

an engem anere buch war „unser geliebter Führer Adolf Hitler" amgaang, kleng kanner ze tätschelen, an him sinn deemools schonn déi blénkeg ae vun de mammen opgefall, déi dragekuckt hunn, wéi wa se an aneren ëmstänn wieren. a sengem brudder sengem décke REALIEN-BUCH war eng photo dra vum hitler, déi ee mat enger gillette erausgeschnidden, a wéi den oberinspekter an d'schoul koum, nees séier agepecht hat. hien hat ee moment angscht fir säi brudder. dowéint. vläicht gouf ee wéint sou engem verbriechen ëmgesidelt? mat de joere krut dëst hitlerbild ëmmer méi e laange schnurres aus tënt an tusch an ass zu gudder lescht ganz ënner engem verwuerelte gekritzels verschwonnen. an deemselwechte buch, *oder war dat an engem aneren?* gouf et och opreegend biller: dee männlechen an dee w e i b l e c h e kierper mat allem drëm an drun. mat deene biller ass en dacks an déi gutt stuff gehéisst, fir se do am detail ze studéieren, faarweg fotoe vun der wëller a friemer tundra, vun der wüste gobi, vun der stad tunis, vun ni gekuckten déieren, wéi mammuter, dinosaurier, ichthyosaurier, hunn him seng virstellung vun der äerd erweidert, technesch zeechnunge vu maschinnen, vu komplizéierte motoren, vun eenzelnen deeler vun enger damplokomotiv hunn *an hirer geneeër sachlechkeet, sou ging een haut soen,* bei him dobannen eng begeeschterung ausgeléist, déi e bis elo nach net kannt hat. sou sutz en op eemol viru wäisse blieder, déi onméiglechst maschinnen an apparater ze entwerfen, meeschtens deeër, fir ze fléien. *déi zäit krut en och e mécano. en huet deeglaang geschrauft a gebaut domadder, war dat eng freed, mat dir zesummen, weess de nach juliett, e kran ze bauen?*

an dann eréischt: zeechnen? eng stonn pro trimester ass gezeechent ginn: allerseelenstimmung, de kleeschen, ouschtereeër, de gestiefelte kater, hierschtblieder, hire schoulmeeschter war am zeechnen eng null. en huet dat selwer zouginn, him war dat simpatesch, hien hat hie gär, well en esou riteraus war. munnechmol sinn et der ginn: net dacks, awer wann, dann huet et ageschloen. da konnt e brutal mam lineal op d'käpp haen, mat der fauscht an d'gesiichter. en huet d'kanner aus der bänk gerappt a widder d'heizungskierpere gehäit. eng minutt drop huet et him leed gedinn. dann huet e witze verzielt. an direkt nees mat deem geschwat, deen der elo just erwëscht hat. *déi kathoulesch aart a weis, oder?*

en huet haart an däitlech geschwat. ass tëschent de bänken op- an ofspadséiert, fir seng wierder am mond mat der zong ze skülptéieren. seng schréft huet ausgesinn, wéi gedréckt, all buchstof gouf net op d'tafel geschriwwen, mä gemoolt. däitsch a rechnen sinn d'kanner geléiert ginn an och ,Wie der fleißige Landmann seinen Acker bestellt'. d'schoul luch matzen am duerf, an engem haff mat lannebäm, am schiet vun der kierch, déi vun uewen erof dominéiert huet. wann de schoulmeeschter amgaang war eppes ze expizéieren, huet de bouf vun der strooss dobaussen de kaméidi héiere vun de baueren, déi mat teimere voller mëscht ënnerwee waren, huet iwrem rand vun der mauer vum schoulhaff d'käpp vun de bauere gesi wéi wéitschen, am ritmus vum päerdsgetrapps, huet de päerd hir ouerespëtze gesinn no de mécke fachen. 't war streng verbueden, op d'strooss ze kucken. hien huet ëmmer nees dohinner baluckt. de schoulmeeschter huet geruff:

aufpassen. was hab ich jetzt eben erklärt?

an de bouf huet him flang, an d'ae gekuckt an hat awer nëmmen ouere fir déi kréckeleg rieder vun de karen, déi dobaussen, muejes ëm zéng auer, voller loscht, ënnerwee waren. dobausse war d'liewen, dat richtegt.

[…]

De Kunibert vun Hesper
JEMP SCHUSTER

Viru laanger laanger Zäit, op d'mannst virun zweehonnert a siwe Joer, et kann awer och scho méi laang hier sinn, huet um Hesperschlass de Ritter Kunibert gehaust. Deen huet eemol owes beim Patt nom Iesse geruff: „Wat ass eise Kinnek dach fir en Eefalt an een Topert. Dee sëtzt dee ganzen Dag a sengem Schlass. Mir mussen hei op säi Land oppassen, an e seet äis net eng Kéier Merci derfir."

Et muss een dem Kinnek dat weider verzielt hunn, op jiddefall ass en et gewuer ginn. En huet e Minister op Hesper geschéckt, mat engem Bréif wou dat hei dra stoung: Mäi léiwe Ritter Kunibert vun Hesper! Wat erlaabs du der, mech Eefalt an Topert ze vernennen. Dat verzeien ech der ni. Ech wëll, dass de dech heihinner bei mech entschëllege kënns. An zwar kënns de hallef geridden an hallef zu Fouss. Du bréngs däi beschte Frënd mat, däi beschte Spaassmécher, an däi schlëmmste Feind. De Kunibert vun Hesper wosst einfach net, wéi en dat maache sollt.

Enges Owes ass e Reesender op d'Hesper Schlass komm. Deen huet mat allerhand Kreemche gehandelt, an e wollt iwwer Nuecht bleiwe fir ze schlofen.

Dunn huet de Ritter Kunibert op eemol eng Iddi kritt. Et war e schlëmme Plang, awer en huet et misste probéieren. E sot also heemlech zu senger Fra Mathild.

„Ech weess, datt dee Reesender vill Sue bei sech huet. Wann s du näisch dergéint hues, da bréngen ech en ëm, an huelen em all seng Suen of."

D'Mathild ass erféiert, awer de Kunibert huet em sou de Kapp voll gebraddelt, datt et op eemol sot: „Dajee alt, wann s de mengs."

Wéi de Reesender geschlof huet, ass de Kunibert opgestan, huet en erwächt, an zu em gesot, e soll sech séier fort maachen. Dunn ass en an de Stall gaang, huet eent vu senge Kaalwer geschluecht, et a Stécker geschnidden, an d'Kalleffleesch an e Sak gestach. En huet seng Fra Mathild erwächt, hir de Sak an de Grapp gedréckt, a gesot: „Ech hunn de Reesender dout gemeet. Géi verstopp en an engem Eck iergendwou am Schlass. Ech hunn nëmme säi Kapp, seng Ärem a seng Been dra gemeet, de Rescht hunn ech am Stall begruewen." Dat war esou gutt gelunn, datt d'Mathild net laang nogefrot huet. Et huet de Sak, ouni dran ze kucken, verstoppt.

E puer Deeg drop huet de Kunibert sech op de Wee bei de Kinnek gemeet. Rechts vun em ass säin Hond Mirko matgelaf, lénks huet e seng Fra Mathild an den Arem geholl, an op de Schëlleren hat e säi klenge Bouf Kareli setzen. Wéi s'an d'Géigend vum Kinneksschlass komm sinn, huet de Kunibert dat gemeet, wat de Kinnek vun em verlaangt hat. En huet säi riets Been iwwert dem Hond säi Réck geluecht, wéi wann e wëllt op em reiden. Mat deem lénke Been ass e weidergaang. Hallef geridden an hallef zu Fouss, wéi de Kinnek gesot hat. De Kinnek huet sech gewonnert, datt esou eppes méiglech wier, awer dunn huet en de Kunibert gefrot: „Wou ass däin treiste Frënd, deen s de mer solls matbréngen?"

De Kunibert huet ee Bengel geholl a sengem Hond eng dermat laanscht d'Rëpper gehan. D'éischt ass de Mirko mat vill Gejäiz fortgelaf, awer wéi de Kunibert e geruff huet, ass en erëm komm, huet de Schwanz bäigezunn a sech virum Kunibert op de Buedem gekuscht.

„Dat do ass mäin treiste Frënd, dee kann ech schloen, an e kënnt awer ëmmer erëm bei mech."

„Du hues Recht", sot de Kinnek, „da weis mer elo dee gréisste Spaassmécher." De Kunibert huet op säi klenge Bouf gewisen. De Kareli ass dem Kinnek tëscht de Been erduerch gekroch, en huet déi schéinste Grimasse geschnidden, gelaacht a gegeckst, an sech duerch näischt aus der Rou bréngen gelooss.

„Dat loossen ech gëllen", sot de Kinnek.

„An elo geséich ech gär däi schlëmmste Feind."

„Firwat bekucks du däin Här a Kinnek esou frech?", huet de Kunibert seng Fra Mathild ugegranzt an er eng op de Bak geschloen. D'Mathild huet sech dat net gefale gelooss.

De Kunibert hat hir nach ni eng op de Bak gehan.

„Firwat schléiss du mech, du Mäerder!", huet se gejaut. „Du hues an eisem Schlass zu Hesper ee Reesender doutgemaach, fir em seng Suen ofzehuelen. A mech schléiss d'op de Bak, wann ech de Kinnek nëmme bekucken." De Kunibert huet er nach eng geprafft. Dunn huet d'Mathild sech net méi gepackt.

„Kommt all mat op Hesper", huet se geruff, „ech weisen iech dee Sak, wou en de Kapp, d'Ärem an d'Been vun deem Onglécklechen dra gestach huet. An ech weisen iech de Stall, wou en dem Reesender säi Kierper begruewen huet."

„Gleeft er näischt!", huet de Kunibert geruff. „Meng Fra ass mäi schlëmmste Feind. Se wëllt mech an de Prisong dreiwen, mat hire Ligen." „Ech wëll dat selwer kucke goen", huet de Kinnek geäntwert. „Weis mer dee Stall."

Se sinn all mat op Hesper gaangen, a se hunn am Stall gegruewen. Do hu se nëmmen e puer Stécker fault Kalleffleesch fonnt. An am Sak war och net dat, wat Mathild gesot hat. De Kinnek huet natierlech gegleeft, datt d'Mathild dem Kunibert säi gréisste Feind wier, well e gudde Frënd kann dach näischt esou vun engem verzielen. En huet dem Kunibert seng Strof nogelooss an ass erëm heem gefuer. Esoubal wéi e fort war, huet de Kunibert säi Mathild an den Arem geholl, an sech bei em entschëllegt.

„Et deet mer Leed, Fra, awer ech hu keen aneren Auswee gewosst. Soss wier et mir bestëmmt fir de Kapp gaang. Kanns de mer dat verzeien?" „Fir eng Kéier ass et gutt", huet d'Mathild geäntwert, „awer probéier dat do keng zweete Kéier. Pass léiwer op, wat s de sees, da brauchs de der duerno keng esou eng Ligen auszedenken.

De Kunibert huet sech dat verhalen, an en huet ni méi gesot, de Kinnek wier en Topert an en Eefalt. Op jidde Fall ni méi, wann een aneren nogelauschtert huet.

De Siegfried an d'Melusina
NICO BRETTNER

An der Stad sinn ech dorueter getrëppelt, fir emol ze kucken, wat et esou alles bei der Buerg um Bockfiels géif ginn. Mäin Tour ass zimlech fréi zu Enn gewiescht.

Ech hunn nämlech e Ritter gesinn, deen huet esou eppes vu schappeg dragekuckt, datt ech mech gefrot hunn, wat mat em lass wär.

„Gudden Här, wat ass Iech da geschitt?", wollt ech wëssen.

Hätt ech dach nëmmen net gefrot! Den traurege Ritter war keen aneren ewéi de Grof Siegfried, de Grënner vu Lëtzebuerg.

Hien huet mir säi ganzt Leed erzielt. Seng Fra war him duerch d'Bascht gaangen.

„Kennegeléiert hunn ech meng Fra virun e puer Joer do ënnen am Dall. Ech hat mech op der Juegd veriert an hunn de Wee net méi heem fonnt. Do hunn ech alt hei geschlof.

Ganz fréi mueres sinn ech duerch e wonnerschéine Gesank wakereg ginn." An dunn huet hie probéiert, mir dat Lidd virzesangen. Gleeft mir, dat well kee sech unhéieren. Et war eng richteg Plo, dem Här vu Lëtzebuerg senger Stëmm nozelauschteren.

Gott sei Dank huet en awer net nëmme Kaméidi gemaach, mä en huet och seng Geschicht weider verzielt.

„Déi wonnerschéi Stëmm war vum Melusina. Heemlech hunn ech him aus enger Stopp nogelauschtert. Vun deem Ament un huet mäin Häerz nëmmen nach fir hatt geschloen.

Ech hu mech getraut a si bei hatt gaang. Meng Gedanke ware just nach bei dësem Meedchen an senger Stëmm. Mir hu laang matenee geschnësst. Et war Léift op den éischten Bléck.

Ech hunn alles probéiert, awer hatt wollt net mat op meng Buerg kommen. Hatt wollt beim Bockfiels bleiwen."

„Wann s du mir e Schlass do uewen op den Hiwwel baus", sot hatt an huet op de Bockfiels gewisen, „da wëll ech direkt deng Fra ginn."

„Mä ech hat dach selwer kee Geld méi. Op alle Fall bei wäitem net genuch fir menger Léifster e prächtegt Schlass ze bauen."

An dunn huet hien nees ugefaangen ze pinschen. Ech wousst net, wéi ech en tréischte kéint an hunn einfach gefrot:

„Komm erziel weider. Du hues dach d'Schlass gebaut. Also hues du eng Léisung fonnt."

„Jo, dat stëmmt. Ech hunn eng Léisung fonnt. Awer dat war nees esou eng déck Dommheet. Ech si Sue léine gaangen."

„Dat mécht dach all Mënsch", hunn ech gemengt.

„Da's wuel wouer. All Mënsch geet Sue léinen, awer net all Mënsch brauch esou vill Mënz, wéi ech der gebraucht hunn. Just den Däiwel a Persoun wollt mir genuch Geld ginn."

Do sinn ech erféiert:

„Dee mécht dat awer net einfach esou? Do hues du awer en deiere Präis misse bezuelen?"

„Jo, du hues Recht. Den Däiwel kritt meng Séil eng Kéier. Awer deemools war dat mir esou laang wéi breet. Haaptsaach, ech konnt menger Freiesch eppes bidden. Knapps hate mir de Kontrakt ënner-schriwwen, stoung och scho mäi Schlass hei."

Wou en dat gesot huet, huet de Grof mat enger grousser Beweegung alles gewisen, wat hien dohigebaut krut.

„Siggi, mäi Léifsten. Ech wëll dech bestueden", sot d'Melusina do mueres, wéi hatt d'Schlass gesinn huet.

„Just nach eng Saach muss du mir verspriechen!", huet hatt gefu-erdert.

„Wat, meng Dauf?", wollt ech vun him wëssen.

„All Samschdeg léisst du mir meng Rou."

Dat war jo net schwéier an ech hunn direkt Jo gesot. Nach deesel-wechten Owend ware mir Mann a Fra.

Et war eng wonnerschéin Zäit. Mir hunn alles zesummen ënnerholl ..."

Ech gouf eng ganz Stonn mat de schéinen Zäite voll gebraddelt. Op ee Coup huet de Grof Siggi nees ugefaangen mat Flemmsen. An du koum e mat der Wourecht eraus. Firwat seng Fra him fortgelaf ass.

„Haut de Mueren huet d'Melusina sech net gewisen. Et war jo nees eng Kéier Samschdeg. Hatt ass an senger Kummer bliwwen. Awer de Virwëtz hat mech gepaakt."

„Du wäerts dach net ...?", hunn ech entsat gesot.

„Dach. Ech si kucke gaangen. Ech hunn dach nëmmen duerch d'Schlëssellach gekuckt."

„A wat hues du da gesinn?", wollt ech elo wëssen.

„Ma d'Melusina. Awer et war elo hallef Fra an hallef Fësch."

„Hatt ass eng Sireen?", hunn ech hie gefrot.

„Jo", war dem Siggi seng knapp Äntwert.

No laanger Paus huet e just nach gesot: „An hatt huet mech erwëscht. Hatt ass … fort. Ech wäert et ni méi erëmgesinn!"

Ech war paff. Ech war déi alleréischt Séil, wou d'Geschicht erzielt krut. Leider wousst ech och kee Rot an ech wousst och net, wéi ech de Grof tréischte kéint.

D'Melusina ass ni méi zeréckkomm.

De leschte Ritter*

LUCIEN CZUGA & ND! GENEN

DÄERF ECH VIRSTELLEN: DEN HÄR STICK HARCELÉIERT MECH SCHO MÉINTELAANG FIR DATT ECH SENGER FIRMA D'SCHLASS VERKAFEN!

DA KUCKT DACH MOL RONDRËM IECH...

SIDD FROU, DASS *IWWERHAAPT* EEN SECH FIR DÉI BRUCHBUD HEI INTRESSÉIERT...

...AN DEEN ALE SCHROTT, DEEN HEI VERSTËBST.

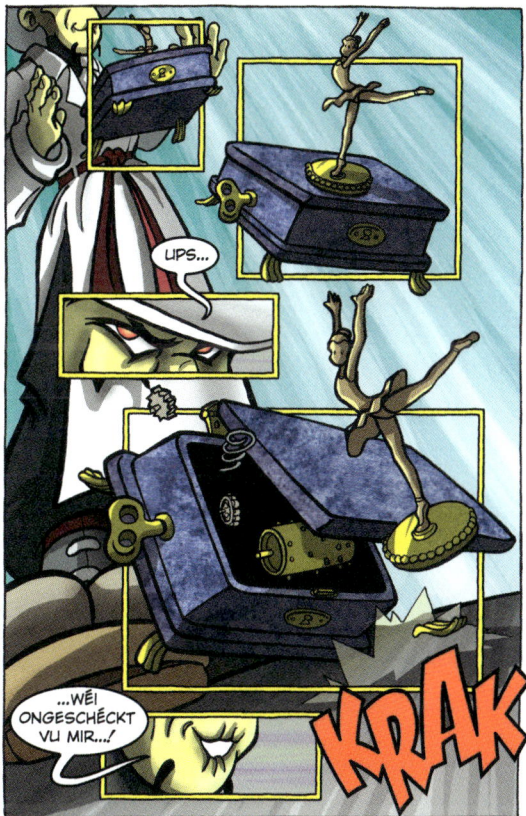

UPS...

...WÉI ONGESCHÉCKT VU MIR...!

KRAK

DU SINN ECH AUS DER KËSCHT GESPRONG...

OH NEE... DÉI SPILLDOUS WAR EN IERWSTËCK VU MENGER MAMM!

ELO GEET ET AWER DUER!

WAT GEET IECH UN?? DAT GËTT IECH ENG DEIER!

HUEL DENG DRECKEG PATTEN EWECH ODER ET WÄERT DER SCHRECKLECH LEED DOEN!!

DE MANN HAT LEIDER RECHT...

⑰

49

50

WIE WAR DEEN DÉSAGRÉABELE PERSONNAGE MAT DÄER KALER STËMM?

DAT ASS DE REPRÉSENTANT VU BROOMPLANT IMMOBILIEN. DEE WOR SCHON E PUERMOL HEI, FIR MECH Z'IWWERZEEGEN, HINNEN D'SCHLASS ZE VERKAFEN.

...."BROOMPLANT IMMOBILIEN"?!?

MÄRT, MA DAT ASS DACH DÉI FIRMA, FIR DÉI ECH AFFICHE GEPECHT HUNN! DEEMNO ASS D'SCHLASS SCHO VERKAF!

WÉI, "SCHO VERKAF"??

HEI, KUCKT...

...SI MAACHE SCHO REKLAMM DOFIR, WÉI WANN ET HINNE GÉIF GEHÉIEREN.

DAT KËNNEN DÉI DACH NET MAACHEN...!!

MON DIEU! DAT ASS ZEVILL FIR MECH!!

WAT HÉIEREN ECH DO?

DRAACHESTEEN SOLL VERKAF GINN...?

DO HUNN ECH JO WUEL OCH NACH E WIIRTCHE MATZESCHWÄTZEN!

⑲

51

52

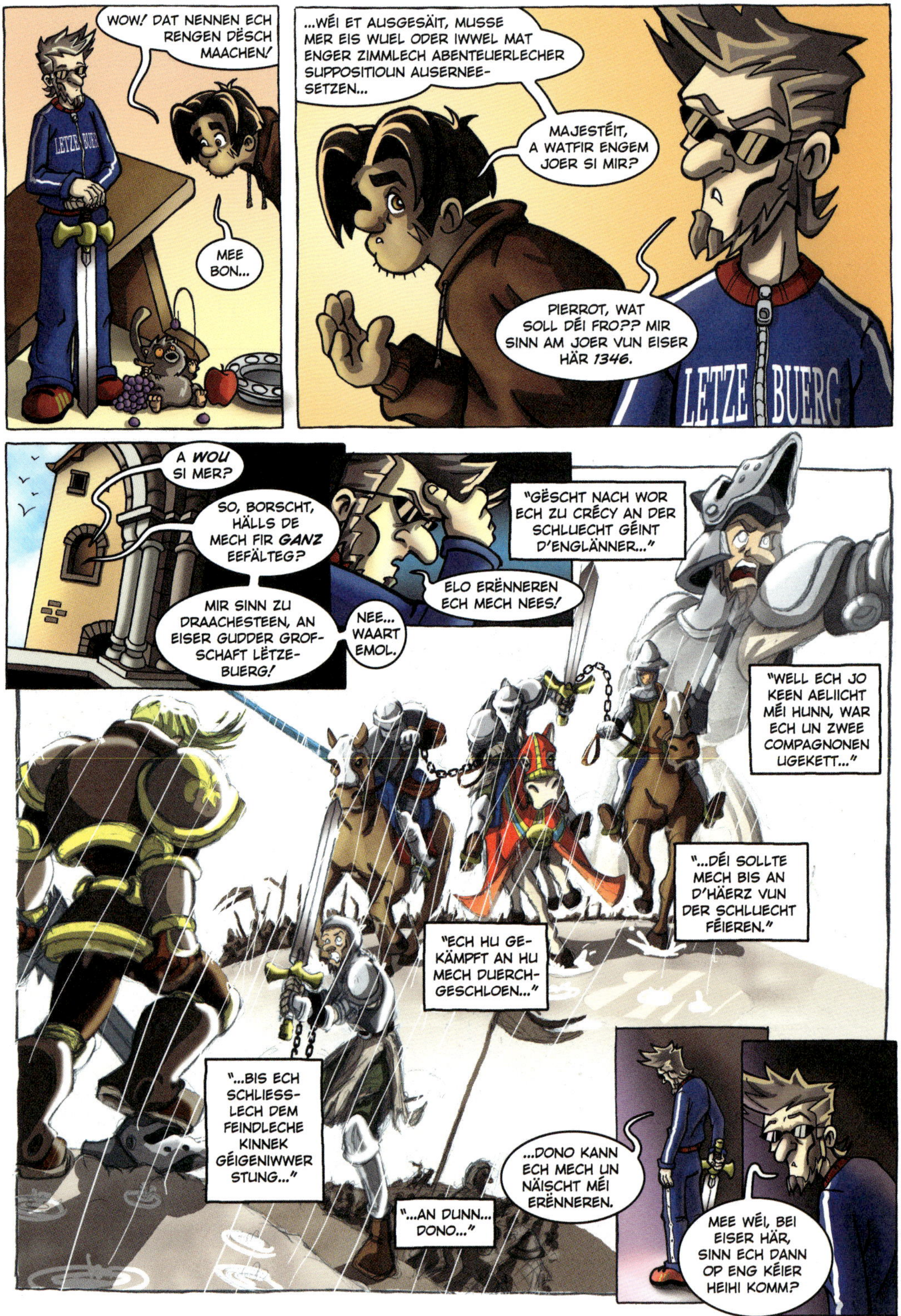

HMM...ECH HUNN OCH KENG ERKLÄRUNG DOFIR.

PEDRO, DU WÄRS DAT MÄRCHEN DO DACH WUEL NET GLEEWEN?!? WOU BLEIWT DÄI GESONDE MËNSCHE-VERSTAND?

MALOO, DU HUES DACH OCH HÉIEREN, WAT DENG MAMM IWWERT DAT SCHWERT ERZIELT HUET.

HEIANSDO, WANN ALL LOGESCH EXPLIKATIOUNEN NÄISCHT DENGEN, DANN ASS VLÄICHT DÉI ONLOGESCHST DÉI RICHTEG...!

BON, MAJESTÉIT, SETZT IECH MOL HEIHIN, MIR MUSSEN IECH LEIDER EPPES SOEN...

WAT ASS DANN NËMMEN LASS? WAT HUTT DER DANN ALL OP ENG KÉIER?

LAUSCHTERT MIR ELO GANZ GUDD NO: ECH SINN *NET* DE PIERROT...

...AN OCH DRAACHESTEEN ASS NET MÉI SOU WÉI ET ZU ÄRER ZÄIT WOR...

WÉI, "ZU MENGER ZÄIT"?

WAT DEN HÄR PEDRO IECH DOMAT SOE WËLL ASS...

...DASS MIR ELO AM 21. JOER-HONNERT LIEWEN.

AM 21. JOER-HONNERT?

WAT DER DÄIWEL...? SIDD DIR DANN ALLE-GUER VUM LEMMES GEBASS??

WEDER D'MALOO, NACH ECH HATEN ENG IDDI, WAT SENG MAMM DU WËLLES HAT...

KOMMT MAT; ECH MUSS IECH EPPES WEISEN

...BIS DE MOMENT WOU MER AN D'KAPELL KOUMEN...

23

OP EEMOL ASS ET MER WÉI SCHUBBER VUN DEN HOER GEFALL...

WAT WËLLT DER MER DA WEISEN? DIR WËSST DACH GANZ GENEE, DATT ECH BLANN SINN!

GITT MER ÄR HAND...

EN MEMOIRE DE JEAN L'AVEUG... ...TE ROI...BURG de BOHE... ...96 - 1346

DIR SIDD ZËNTER 660 JOER DOUT...

...AN AWER HEI BEI EIS.

WÉI ASS DAT MÉIGLECH?

WAT ASS NËMME MAT MIR GESCHITT?

24

56

Monument aux Morts*
JHEMP HOSCHEIT

„Dat, wouriwwer mer schwätzen, gi mer och kucken!" seet den Treines. „An 't ass roueg, wann ech eppes son! Soss gi mer net."

Mir stellen eis zwee an zwee op. Et wëllt keen deen éischten an der Rei sinn. Kaméidi a Gestreits. Bei der Dier gëtt gestouss a gerappt a gerippt.

„Rrrrroueg!"

„Wuer gi mer dann?"

„An de Monument aux Morts!"

Et ass, wéi wann s d'an engem Fussballsmätsch de Radio géings ausmaachen. Eis bleift de Mond opston.

„Dir hat dat ze léieren, da gi mer et och kucken! A kuckt net sou grouss! Mir ginn haut an de Monument aux Morts." seet den Treines. Hien ass deen eenzegen, deen d'Wuert uerdentlech ausschwätze kann.

„Monumo'o'mo", sot de Japp, wéi en d'Iwwerschréft vum neie Kapitel hat misse vun der Tafel ofliesen.

„Monument aux Morts!", sot den Treines an en hat all Silb eenzel an iwwerdriwwen däitlech ausgeschwat. „Widderhuel!"

„Monumo'o'mo."

Ech krut et och net uerdentlech eraus, wéi ech fir d'Prüfung geléiert hat. Mir musse verspriechen, eis ënnerwee net de Batti ze stellen. Mir verspriechen et, sou wéi een alt eppes versprécht. Mir ginn nämlech e gutt Stéck duerch Esch. Zu Fouss. An den Treines fäert, hie misst sech wéinst eis Lëmmele schummen.

„Mir gi spadséieren. Déi aner musse léieren! Mir gi spadséieren. Déi aner musse léieren!"

Dat kritt den Treines eis awer net verbueden! Den Aloyse, deen am Gewulls am Sall niewent mech stoe koum a wéinst dem Treines sengem Gedeessems keng Zäit méi krut, sech niewent en aneren ze stellen, wiesselt am Haff d'Plaz mam Remi. Mir pupegal!

Den Treines hat eis an d'Heft diktéiert: *Im Museum sind Bilder und Gegenstände aus den deutschen Gefangenenlagern und Konzentrationslagern ausgestellt*, awer kee wousst eppes domadder unzefänken. Wat wousste mir da schonn dovun! An hien hat gemengt, mir missten dach méi doriwwer wëssen, a gefrot, ob da keen eis doheem eppes dovun erzielt hätt.

„Den Hitler!" huet ee gebrëllt.

„D'Nazien!"

Schued, datt de Josy net an eiser Klass ass. Deen hätt deenen aneren d'Waasser scho gereecht.

Den Treines hat eis dës laangen an dës breede vum Hitler erzielt, datt dee schrecklecht Leed iwwert d'Mënschheet bruecht hat, datt dee Millioune Leit, an haaptsächlech Judden, ëmbruecht hat.

„Kazett!" sot den Treines an hat *K. Z.* grouss op d'Tafel geschriwwen. Dat wär d'Ofkierzung fir Konzentrationslager. Do wären se vergast ginn, d'Judden, Millioune vun hinnen, an duerno verbrannt.

„Verbrannt?"

„Jo, verbrannt! Vergast a verbrannt!"

Am Kazett hätten se gesot kritt, si hätte Lais, well se zu souvill an soulaang mam Zuch gefuer wären, wéi d'Hierken an der Tonn, an si misste mol fir d'éischt ënner der Dusch entlaust ginn, sou hätten se gesot kritt, sot den Treines.

Hie muss do gemierkt gehat hunn, datt de Japp e schife Bléck op de Fraassi geworf hat, well dee Lais hat an den Dag virdrun net an d'Schoul komm war.

„De Fraassi hat och Lais.", sot de Japp.

Den Treines hat sech an d'Broscht gehäit, de Japp vernannt a gesot, dat alles wär vill ze schlëmm, fir domadder de Geck ze maachen.

„A schreif der dat hannert d'Oueren, Männchen!"

„Ech hunn de Geck mam Fraassi gemeet, net mat den –"

„Roueg!"

Aus der Dusch wär kee Waasser komm, mee Damp, gëftegen Damp. Gas. An dann hätte se keng Loft méi kritt, d'Männer, d'Fraen, déi Al sou gutt wéi di Jonk. An souguer Kanner. Onschëlleg Leit.

Mir kommen op d'Brillplaz. „Mir gi spadséi –"

Den Treines hänkt eis et un, eist Liddche bei der Brillschoul ze sangen.

Do steet en, de Monument aux Morts. Et weess keen sou richteg, wat sech hannert den héije Maure verstoppt. Virum Monument stelle mer eis am Hallefkrees rondrëm de Schoulmeeschter. Hie weist mam Fanger erop a liest, wat a groussen, gëlle Buschtawen héich uewen am Steen geschriwwe steet.

Honneur à ceux qui par leur travail et leur mort dans les mines, usines et les ateliers ont construit la base économique de notre indépendance.

Esou hate mer et och an der Prüfung schreiwe missen. Mir ginn eriwwer op déi riets Säit, den Treines weist nees mam Fanger erop, a wéi op Kommando strecke mer eis Käpp an d'Lut a stuerken op déi grouss Schrëft:

Honneur à ceux qui par leur Résistance courageuse et leur mort héroïque pendant l'occupation ont donné leur vie pour la sauvegarde de notre indépendance.'

Ech hat nëmmen 28 kritt. An der Prüfung hat ech *Résistence* amplaz *Résistance* geschriwwen an hannert *eur mort* hat ech *héroïque* vergiess. Dat hat mech all Kéiers ee Punkt kascht. Et hat also net alles gedéngt, datt d'Käerz mat der gëllener *30* gebrannt hat. Obschonn et éischter mäi Feeler war, wéi der Käerz hiren. Déi zwou Saache stoungen nämlech scho falsch a mengem Heft. Fir d'Käerz hat ech deemno awer richteg geléiert.

Zu zwee an zwee gi mer laanscht de Sarkophag mat der gëllener Opschrëft *Morts pour la patrie*, laanscht déi véiereckeg Sailen, an déi Figure gemeesselt sinn. Ech hu keng Ahnung, wat mech erwaart. Mir sinn op eemol all sou roueg, wéi wann een eis ugestallt hätt, den Otem anzehalen. Et ass, wéi wann een an eng Kierch erageet. Neen, et ass nach anescht. Virun der Kierch, weess de, wat hannert der Dier kënnt. Hei net. Den Treines hält déi schwéier eisen Dier op, bis mer all dobanne sinn.

„Kommt mir no!"

Seng Stëmm schaalt vun enzwuesch erëm. Hie geet ganz feierlech duerch dee groussen Hall, a mir hannendrun. Keen danzt aus der Rei, kee mécht eng Bemierkung, obschonn ech der kennen, déi gär eppes gejaut hätten, eleng scho fir den Echo ze héieren. Den Treines bleift virun enger Popp stoen. Eng Popp, déi en helle Pijama un huet. E Pijama mat groe Sträifen. Der Popp hiert Gesiicht ass net sou fleescheg, net sou echt, wéi dem Robotermann an der Fënster vum Kleedergeschäft säint, et ass méi agefall, méi eckeg, a wann ee mam Fanger dru kéim, géif ee spiren, datt et haart wir. Et kënnt keen op d'Iddi, derwidder ze dicksen. Et ass e Mannequin. Ob Concours oder net.

„Dat ass e Kazettler", seet den Treines. „Sou waren d'Kazettler ugedoen. Hir eege Kleeder koumen an d'Effektenkammer, an amplaz kruten se Schutzhäftlingskleeder, déi Box an dee Paltong mat de Sträifen, wéi der se do gesitt."

De Mannequin hat keng richteg Aen, mee sou wéi e gekuckt huet, hätt ee kënne mengen, e géif grad sou gutt op ee Bestëmmte vun eis, wéi op eis alleguer kucken. De Japp, deen huet och e puermol séier hannertenee mat der Hand virum Kazettler sengen Ae gewénkt, sou wéi een et mécht, wann ee schwaach gefall ass, an 't wëllt ee wëssen, ob deem säi Bléck nach op déi schëtzeg Bewegunge reagéiert. Den Treines huet lues nom Japp senger Hand gegraff, en huet him den Aarm schéi lues op der Héicht vum Ielebou gebéit an e laanscht d'Boxebeen rëtsche gelooss an näischt derbäi gesot. De Japp konnt vu Gléck schwätzen, datt mer an engem Monument waren.

De Kazettler hat e bleche Schëldchen mat enger Nummer drop un-hänken. Den Treines sot, datt s'am Kazett vun Auschwitz d'Nummer op den Aarm tätowéiert kruten.

„A wie kritt normalerweis eng Nummer antätowéiert?", freet en.

Wat soll een lo soen, fir keng Dommheet ze soen?

„Dajee!"

Hie waart. Ech weess net, wéi en dat mengt.

„Eng Nummer! Dajee!"

Ech kucken déi aner, déi kucken den Treines, den Treines maulaaft op eis.

„Béischten!", äntwert en sech selwer. „Béischte kréien eng Nummer. D'Véi! A wat heescht dat?"

Säi Bléck geet nees virwëtzeg hin an hier, awer dës Kéier ass d'Denkpaus méi kuerz.

„Dat heescht, datt d'Leit wéi Véi behandelt goufen, wéi dreckegt Véi! Wat son ech, d'Mënschen waren nach manner wäert wéi Véi! Kéi a Schwäin, déi hunn nach Nimm. Ma d'Kazettler hate keen Numm méi! Keen Numm. Näischt. Et waren nëmme méi Nummeren, mat deenen ee maache konnt, wat ee wollt. A wat hu se gezielt, déi Nummeren? Glat a guer näischt. Null! Null! Nach manner wéi null!"

Vun deem laange Saz, krut de Schoulmeeschter an de Mondwénklen sou kleng, wäiss Spautblosen, déi en sech mat engem Nuesschnappech ewechgewëscht huet.

Ouni ze mucksen, gi mer dem Treines no. Hie war schonn hei. E weess, wuer e soll gon. E geet ganz feierlech bei eng Mauer, op där grouss Photoen hänken. E luusst net ëm den Eck. E weess, datt mer hannert sengem Réck keng Dommheete maachen. Hätte mer der gemaach, oder hätt ee vun eis „Hallooo – Hallooo" geruff, fir ze héieren, wéi et schaalt, dann hätt et eis awer lo d'Stëmm verschloen. Ganz am Eescht. Wéinst de Photoen. Den Hallo–allo–lo–o wär eis am Hals stieche bliwwen. Wéinst enger Photo! Ech muss schlécken. Den Treines seet näischt. E léisst eis kucken. Firwat seet da keen eppes? Ech weess net, wéi et deenen anere geet, ech traue mech net, op een ze kucken. Mäi Bléck kéim gär lass vun der Photo, awer et geet net. Et ass esou, wéi wann e Bild dech fesselt, wéi wann et dech peekt, du géifs gär ewechkucken, du géifs alles drëm ginn, wann iergendeppes géif geschéien, dat dech oflenkt, dech an déi aner, deenen et grad sou muss goe wéi dir, awer et geschitt näischt. Ech muss kucken. D'Photo huet mech gepaakt. An ech ka mer herno net soe loossen, ech hätt et awer net laang ausgehalen. Et si Schanken. Awer Schanke mat Haut ronderëm. Ganz dënn, bleech Haut. D'Käpp, nach keng richteg Doudekäpp, sou wéi mer s'an d'Fändlen op de Pirateschëffer molen, mat de Lächer amplaz den Aen an de gekräizte Schanken hannendrun, mee mat Haut drun. Dënn, bleech. D'Kierper, nach net ganz Skelett, awer bal. Ech hu scho richteg Doudeger gesinn, wa se virun engem Begriefnis an der Morgue opgeboort waren, a wann een d'Nues an déi gefaalten Hänn mam Rousekranz ronderëm gesinn huet erausluussen, dat huet mer näischt ausgemaach, ech hunn déi Doudeg richteg vru mer leie gesinn, awer déi op dëser Photo, déi maache mer méi aus. Et ass net nëmmen ee Kierper. Och keng zwee, dräi, véier. E ganze Koup. E ganze Koup, net am Sënn vu vill, mee e richtege Koup, en Hiwwel, e Bierg. E Bierg mat Leit, déi nëmme méi Schanke sinn. Een op deem aneren. Een an deem aneren. Een iwwert deem aneren. Goureg Been. Agefale Bäich. Bäich kann een net son. Do wou mol Bäich waren, ass näischt méi, alles fort, ausgehielegt, platt. D'Schanke vun den Hëfte stinn eraus, vun de Broschtkierf kann een d'Rëpper eenzel zielen. Käpp mat agefale Baken, agefalen Aen. Vu Lëpsen, keng Spuer méi. Opgerasse Mënner. Zoue Mënner. Doudekappszänn. Buuschten. En Duerchernee vu Schanken. An de Schëlleren, den Ielebéi, de Knéien, de Gelenker sinn d'Äerm, d'Been an d'Hänn verdréint a verbéit a vermurkst. E Been geséit aus wéi e gebrachenen Aascht, dee grad geschlass gouf. En anert, spëndeldier, wéi eng Bounestaach. Et kënnen drësseg Läiche sinn, fofzeg, siwwenzeg. De Pol wackelt mam Kapp, sou wéi een et mécht, wann een ouni ze schwätzen, zielt. Et ass sou roueg, wéi op engem Begriefnis. Mäi Kapp dubbert. Meng Ae gi midd. Ech ka geschwënn net méi kucken. Eise Schoulmeeschter kënnt als éischten zou sech.

„Si hunn se net séier genuch verbrannt kritt," seet en. En hemmst eng Kéier ferm wéinst dem Fräsch am Hals. Endlech eng Stëmm! Endlech Kaméidi. Zwee oder dräi hemmsen an houschte mat. Ech géif mech am léifste labber maachen, meng Hänn ausrëselen, wéi virun enger Turnstonn.

„Am Crématoire konnten se se net sou séier verbrennen, wéi se se vergaast hunn", erkläert den Treines, „dann hu se s'einfach opgekéipt. Dir gesitt jo!"

De Remi, deem säi Papp Dokter ass, kuckt nach ëmmer. Ech mengen, de Pol ass fäerdeg mat Zielen. De Guy stuerkt op de Buedem.

„Wat ass dat e Crématoire?" freet de Pol.

Eng gutt Fro. Sou wéi den Treines drakuckt, mengt een, et wier eng schlecht.

„De Crématoire, dat ass en Uewen," seet en op engem Toun, wéi wann all klengt Kand dat misst wëssen. „E Four Crématoire!"

Hätt e virdrun esou gesot, hätt ech et gewosst. E weist eis esou e Four op enger anerer Photo.

„Si hunn d'Läichen an den Uewe gestach!"

„Dee gesäit aus wéi e Bakuewen", seet de Fraassi, deem säi Monni Bäcker ass, an deen dofir bal all Dag e Kaffiskichelche mat an d'Paus bréngt. Zwar en haarde vum Dag virdrun. Et huet keen eppes op seng Bemierkung ginn. Et huet och kee vun eis gelaacht. Hätt ee gelaacht, dann hätte mer verstanen, firwat den Treines sech op eemol fierchterlech an d'Broscht gehäit huet.

„So dat mol nach eng Kéier!", brëllt den Treines, datt et schaalt. E bekuckt de Fraassi, wéi wann en sech misst ferm zesummenhuelen, fir him keng ze praffen. Ech weess net, firwat en sou schaimt.

„Wat sooss de?"

De Fraassi zéckt, well dem Treines säi Gesiicht bal widdert sengem pecht. Hie weess och net sou richteg, wat e falsch gemeet huet. Dat mam Bakuewen, do war jo näischt dobäi.

„Et gesäit aus wéi e grousse Bakuewen!", seet de Fraassi nach eng Kéier a weist mam Fanger op d'Photo.

Den Treines ass net widdert de Fraassi komm. E spréngt hannerzeg, wéi wann en eng vun him gewéitscht kritt hätt.

„Wat geet dech un," bläert en, „domat de Geck ze maachen?"

„Ech hunn de Geck net gemeet!"

„Du wäerts dach net wëlle son, datt dat do e Bakuewen ass!"

„Dat hunn ech net gesot!", seet de Fraassi.

Ech si frou, datt hien sou séier déi richteg Wierder fënnt. Den Treines steet do, mam Zeigefanger virum Fraassi senger Nues ze fuchtelen.

„Mat sou eppes mécht een net de Geck!", brëllt den Treines. „Du hues kee Respekt! Kee Respekt!"

–pekt –ekt, schaalt et ronderëm.

Dem Fraassi säi Mond geet hin an hier. Hie muss sech op d'Zänn bäissen. Dat gesäit een. Et mierkt een, datt en no un den Tréinen ass. E blënzelt mat den Aen, awer e pinscht net. Et war him dach net esou gemengt. Da so dach een deem ale Granzsak, deem stuere Knouterbatti vu Schoulmeeschter dat! De Fraassi muss dach wëssen, wéi e Bakuewen ausgesäit. An et däerf een dach sécher nach vergläiche kënnen, Här Treines. *Esou wéi* a *comme* a *ressemble à,* dat kréie mer dach ëmmer virun engem Aufsatz un d'Häerz geluecht. Dann däerf de Fraassi dat déift, däischtert Lach an där Mauer do, mat deene schwaarzen, verkuelte Steng a mat deenen zwou oppenen, eisen Dieren dach roueg mat engem Bakuewe vergläichen, besonnesch wou hien e Monni huet, dee Bäcker ass. So dat dach, Fraassi! So him, et war kee Geck. Wann s du et net sees, da son ech et.

„En huet de Geck net gemeet!", son ech.

„Fänks du och elo nach un!", baupst den Treines, deen nach ëmmer net richteg a senger Fassong ass.

„Wann de Fraassi et als Witz gesot hätt, dann hätte mer all misse laachen!" son ech.

De Fraassi wénkt mam Kapp. Gär geschitt, denken ech. Keng Reaktioun vum Treines. E versteet net, wat ech wollt soen. Jiddereen huet verstanen, awer hien net. Mir verstinn, wéini een eppes am Witz seet oder net. Awer eise Schoulmeeschter versteet net, wéini mir eppes am Eescht mengen. Eppes ganz am Eescht.

„Bei esou Biller, géif jiddereen sech schwéier hidden, de Geck ze maachen!!", son ech a maachen den Tour mat den Aen. „Jidderee vun eis!"

Lo eréischt, mengen ech, huet den Treines verstanen. Seng Falen op der Stir verzéien sech, de Grant verflitt lues a lues.

„Gutt!", seet en zu mir. „Abee! Fir datt däi schlaue Kolleeg dat verhält, schreift e mer fir mar zéng mol d'Kapitel iwwert de Musée. An ech mengen dat am Eescht!"

Wéi en Trëtt mam Fouss voll op den eidle Mo! Dofir gëtt et keng Wierder. Mir bekucken eis. Dem Fraassi kënnt awer lo eng Tréin. E mécht mam Mond wéi e Fësch am Waasser, awer et kënnt keen Toun eraus.

„Ma!", son ech.

„Näischt ze maen!", seet den Treines.

„Ma…!"

„Ass et wuel …?"

Dee rosene Bléck! Seng Ae gi méi schmuel. Hätt e säi Lineal hei, misst ech him mat der Hand kommen. Hei vläicht net. Mee ier et Gepefferter gëtt, kuckt en d'selwecht.

Mir ginn e puer Schrëtt bis bei aner Photoen.

„Ech hëllefen der se schreiwen!", son ech lues zum Fraassi.

„Ech och", seet den Remi.

„Ech och!"

„Ech och!"

„Ech och!!"

„Roueg! Hackertjëss!", brëllt den Treines.

Virum engem Uewe leie Schanken, hott an har. E Camionsunhänger läit voll mat Läichen. Hannert engem pickegen Drot steet e Skelett. Säi Krinni ass wéi verschwonnen. E peekt sech um Drot un, goureg Fangeren hänken an de Maschen, an e kuckt op mech. Den Treines seet eppes, vun engem Photograf, engem Amerikaner. Ech héieren nëmmen d'Halschent. Ech muss ëmmer an dem Skelett seng Ae kucken, seng Aen, déi nach gesinn, awer sech net freeën, datt do ee steet, op där anerer Säit, esou no an sou wäit, dee knipst. Firwat kënns de lo réischt?

Mir ginn. Mir ginn esou wéi d'Leit, wa se nom Begriefnis lues de laange Kierfechtswee eroftrëppelen. Si hunn de Kapp gebéckt a stuerke riicht op de Buedem. Kee seet e Wuert. Eréischt wann se déi grouss eise Paart passéiert hunn an um Trottoir stinn, baussegt dem Kierfechtsglänner, fannen se rëm lues a lues hir Sprooch erëm, an d'Gepëspers fänkt un. Mir si scho laang aus dem Monument aux Morts eraus a mir soen nach ëmmer näischt. Soss, wa mer enzwuesch waren, wou mer hu missen oppassen a wa mer da bis an der fréscher Loft waren, dann ass d'Gejäiz an d'Gebrëlls lassgaangen. Hei net. Dat ass vläicht d'Ursaach, woufir de Schoulmeeschter sou an der Mëtt vun der Kanalstrooss bei de Fraassi gaangen ass an zu him gesot huet, e bréicht d'Strof net ze schreiwen. Et war wéi eng Erléisung fir jiddereen. Ech weess net firwat, mee gläich drop ass mer d'Bild vum Mann mat den trauregen Aen hannert dem Maschendrot agefall. An ech war mer op eemol sécher, datt de Photograf fir deen nach grad zer Zäit komm war.

D'Kiermesgäscht
DICKS

Den Holzknuet ass Schräinermeeschter an der Stad Lëtzebuerg. (Instrumentebauen ass säin Hobby.) D'Nannéi ass dem Holzknuet säi Meedchen. Den Haréi, de Koseng Ficelle, de Koseng Schläifsteen an de Koseng Klabis sinn dem Nannéi seng Freieren. D'Nannéi huet den Haréi gär, ma de Papp wollt net … Den Haréi wor dunn zwee Jor fort an huet sech elo, (ouni datt een en erkannt hätt), als däitsche Schräinergesell am Holzknuet sengem Betrib ustelle gelooss …

't ass Kiermessamschdeg: den Holzknuet an d'Nannéi sinn am Dausch, well d'Kosengen an d'Kusinn Laangfësch sinn op d'Kiermes geruff ginn, an d'Gäscht sollen all Ablack kommen …

4. Optrëtt

[…]

DEN HOLZKNUET: Héieren Si emol Gesell, Si gefallen mir. Ech wär och keen Schräiner ginn, wenn … Elo will ich Eich dat erzielen.

D'NANNÉI: Ech menge Papp, wann Der dee Jong weider net ophale géift.

DEN HOLZKNUET: Nannéi, Du hues Recht. *(Zum Haréi.)* Wissen Si denn wat, Gesell? Morgen ist Kiermessonndeg: da kommen Si bei ons ze Mëtteg iessen.

DEN HARÉI: Ach, bester Meister. Sie sind wirklich zu freundlich.

DEN HOLZKNUET: Si kréien net vill, aber jidde Fall, ein frintelech Gesiicht, ein gutt Glas Wein, und ein gutt Stick Hämmelsbrot.

DEN HARÉI: Ach, so ein recht saftiger Hammelsbraten ess ich doch für mein Leben gern.

DEN HOLZKNUET: Jaja, Hämmelsbrot mat Zalot an ein Stick Quetschentaart und op den Disser verzielen ich Innen mein Geschicht.

Un nun kinnen Si widder op Ire Arbecht geien.

DEN HARÉI: Mit Vergnügen und nochmals besten Dank, lieber Meister. *(Zum Nannéi.)* Ade, schönes Mamsellchen.

(E geet zur Dier riets eraus.)

5. Optrëtt

DEN HOLZKNUET: 't ass en aartleche Kadett, dee Gesell do. E kennt eppes vun den Instrumenten. Dee Jong gefält mir wierklech. An 't deet mer nawell gutt, dass ech e fir mar op d'Kiermes geruff hunn. Deen aarmen Däiwel huet vläicht wéi laang keen éierleche Maufel méi z'iesse kritt. 't weess ee jo wuel, wéi et alt de Geselle geet. Nun nach eent. Nannéi, geldu, wann ons Kosengen elo kommen, da bass du en alleguert schéi frëndlech an héiferlech.

D'NANNÉI: Dat wär de gudde Mëttel fir keen ze kréien.

DEN HOLZKNUET: A wéi dat dann?

D'NANNÉI: Wësst Dir dann d'Liddchen net méi vum Meedche vu Gëtzen!

DEN HOLZKNUET: Jee, sang mer et. Kuck, ech weess net, wéi dat ass, mä 't wor mer ewell laang net méi sou gutt opgereimt ewéi haut.

D'NANNÉI: Ech kann dat net soen, an 't ass mer glat net séngerech.

DEN HOLZKNUET: Jee Nannéi, sang mer et. Sang mer eppes Klengs, a maach, dass ech dech emol erëm lëschteg an zefridde gesinn. Du weess jo, wéi däi Papp dech esou giren huet. A kuck, wann s de dat elo dees, da kafen ech der nach haut dat karozecht Kleed, wat s de esou gären häss, a mer loosse keen eenzegen Danz op der Schuebermëss aus.

D'NANNÉI: Abee, ech huelen Iech mam Wuert, ower dann däerft Der mer an den éischte véierzéng Deeg näischt méi vum Bestuede schwätzen.

DEN HOLZKNUET: Esou wouer ewéi ech däi Papp sinn: 't soll geschéien, wéi s d'et gären häss. Nujee.

(D'Nannéi séngt.)

Et wor ee Meedchen zu Gëtzen – Oho!
mat An ewéi feiereg Blëtzen – Oho!

’t wollt alle Männer gefalen
fir mat senge Freier ze bralen – Oho!
 ’t huet nëmme gedanzt a gesprongen – Oho!
gekickelt, gerolzt a gesongen – Oho!
et duecht mat Spaassen a Laachen
säi Gléck eemol sécher ze maachen – Oho!

Mä wéi et housch vum Bestueden – Oho!
wollt keen sech dat Meedchen oplueden – Oho!
’t ass zweeërlee: Männer a Freier
haut ass et um Affener Weier – Oho!

Dir Meedercher loosst iech beléieren – Oho!
a kommt hier e gudde Rot héieren – Oho!
maacht net ewéi d’Meedche vu Gëtzen
soss bleift der nach alleguer sëtzen – Oho!

6. Optrëtt

DE KOSENG FICELLE: *(Geet op d’Nannéi lass, ouni den Holzknuet anuecht ze huelen.)* Bravo! bravissimo! adorable Kusinnchen. Ech hunn nogelauschtert. Mon coeur est en compote! Dir sangt jo comme un rossignol.

(D’Nannéi mécht eng Näip.)

DEN HOLZKNUET: *(klappt dem Koseng Ficelle op d’Schëller.)* Hee Koseng Ficelle! Wëllkomm op der Kiermes.

DE KOSENG FICELLE: Pardon, excuse, mäi léiwe Meeschter. Ech hat Iech de prime abord net remarquéiert. Dir begräift, de ravissement, den éblouissement, deen d’vue subite vu menger adorabler Cousine mer occasionéiert huet, ass d’Faute, dass mer esou e Manque de savoir vivre inqualifiable ganz innocemment échappéiert ass.

DEN HOLZKNUET: Hahahaha. ’t gesäit ee wuel, dass Dir e studéierte Mënsch sidd. Dat nennen ech mer nach Lëtzebuerger-Däitsch schwätzen! Onseree versteet wuel net vill méi dovun. ’t ass iewel schéin.

D'NANNÉI: *(Zum Koseng Ficelle.)* Elo huelt Der eppes zou Iech, Här Koseng.

DEN HOLZKNUET: Maja. Nannéi, gëff de Koch eraus a schenk emol e Glas Wäin an.

(D'Nannéi mécht, wat den Holzknuet seet.)

DE KOSENG FICELLE: Grâce! Grâce! Mille grâces!

DEN HOLZKNUET: Gras? Gras? Glëscht Dir Gréngs, Koseng?

DE KOSENG FICELLE: Dir verstitt mech net. Merci, mille fois merci, fir Äre Koch an Äre Wäin. Bréngt mer léiwer e wéineg vinaigre de Bully, dass ech mech net evanuéieren an der Contemplatioun vun dëser merveille de la nature! *(E weist op d'Nannéi.)*

DEN HOLZKNUET: Huet ee senger Liewen sou eng verléift Ficelle gesinn! Héiert, Koseng, setzt mengem Meedchen net zevill de Geck an de Kapp.

D'NANNÉI: *(Presentéiert dem Koseng Ficelle Wäin a Koch.)* Heit Här Koseng. Ech hoffen dach, Dir wäert mer näisch ofschloen.

DE KOSENG FICELLE: O Kusinnchen, Är Guttheet confondéiert mech! Engagéiert mech dach net, je vous en prie.

DEN HOLZKNUET: Jeejee, duergefuer.

DE KOSENG FICELLE: *(Zum Nannéi.)* Géif da meng Adorable vläicht e Gliesche mat huelen?

D'NANNÉI: Dat wär gutt, wa mer zu Arel op der Knippche wären.

DE KOSENG FICELLE: Sublime! Sublime! Ma charmante! Wat e spirituellen Apropos. *(E séngt:)*

Zu Arel op der Knippchen
Do sinn déi Weiber frou
Si huelen oft eng Schlippchen
Eng drénkt deeër aner zou
Berelénk etc.
D'Nannéi huet erëm alles op den Dësch gesat.

DEN HOLZKNUET: *(Zum Koseng Ficelle.)* Ëmmer deeselwechte Spaassvull bei de Meederscher. 't brauch een Iech nach net op d'Zéiwen ze drécke wéi engem Kiewerlénk, a flick o flack o Marike ze sangen.

DE KOSENG FICELLE: C'est vrai. Ech hat de beau sexe toujours an der Schnouer. En revanche konnt ee mech och allzäit ëm de Fanger wéckelen.

DEN HOLZKNUET: 't gëtt och nëmmen eng Ficelle wéi Dir. Mat Iech wäert dem Nannéi d'Zäit net laang ginn. Elo loossen ech Iech en Abléck eleng.

D'NANNÉI: Ech mengt iewel Papp ... Elo ...

DE KOSENG FICELLE: Loosst e goen, bel ange! Appréciéiert Der dann net d'Délicatesse vu senge Procedéë vis-à-vis vun ons zwéin? Loosst de Pappa goen a fiéiert Iech un d'Galanterie vun engem jeune homme, dee mat enger amoureuser Anxiétéit de moment suprême erwaart, wou en Iech an engem délicieusen tête-à-tête, d'Sentimenter, déi säi blesséiert Hierz mélancoliquement oppresséieren, ouni Zeien, librement expriméiere kann.

DEN HOLZKNUET: Respekt dofir! Elo ginn ech *(E geet zur Dier lénks eraus.)*

D'Schéisserei vun Heischent
CHAREL WINANDY

Et war ufanks Karschnatz, fir méi genee ze sinn ‚Heischterdag', sou wéi et déi Zäit nach allenennen am Éislek fir d'Heischter Kiermes geheescht huet.

't war Kiermesméindeg, den 2. August 1943. Eng aremséileg Kiermes wuel, mä net anechter an och net mann wéi soss iwwerall, well d'Preisen, am Krich, all Danz a Musek verbueden haten. Et war du schonn déi véiert esou, an de Krich war nach ëmmer net gedo! Jo, et huet bal ausgesi wéi wann en net richteg aus Plaze mi kéim, wéi wann en eemol stall sting fir Otem ze schäffen. Da gouf et iewer Amenter, wou et engem virkoum, wéi wann eppes Grousses an der Weech wier, eppes wat stënterlech Wach kënnt schafen, datt et zu engem Enn ging. Dat war op d'mannst eis Hoffnung. Mä da war et erëm, datt ee gemengt huet, dee Krich krit a kréich keen Enn!

Mir woussten, d'Zäit war géint eis. Iwwerall am Lann hat d'Gestapo der Resistenz uereg zougesaat, am Minett an anerwäerts, bal hei, bal do. Sou war et och dem Alli gaang, engem Universitéitsstodent aus der Géigend ëm Klierf. De Papp war scho méi laang dout, an d'Mamm huet mat senge jéngere Gesëschter (Brudder a Schwëster) de Baurebetrib virugefouert, sou gutt et gung. Hie war der Gestapo sou neelech nach entkomm, just datt se fréi mueres den Haff wollten ëmsetzen. Vu Roserei hu se säi Brudder géint d'Mauer gestallt, wéi wa s'en op der Dot wëllten erschéissen an hu wierklech lénks a rechts nieft de jonge Borsch Revolverschëss an d'Mauer ginn. Se wollte par force hunn, datt en hinne sollt soen, wou säi Brudder wär.

Mir hunn den Alli vu virdrun net kannt, hie war äis vermëttelt ginn. Courage hat hie fir hirer zéng, an iewel war e virsiichteg an ëmmer um ‚qui vive'. – Déi Begrëffer ‚virsiichteg' an ‚onvirsiichteg' waren déi Zäit schwéier auserneen ze halen. Well dacks war dat Verkéiert scho reeseg ënnerwee, éi dat Zerguttsert emol dru geduecht huet sech vum Siess ze hiewen! An deene verdréiften Zäite war et och alt wéi 't ëmmer war: Dat Gerodent ass dat Bescht! – Ëm déi Mooss ware mir, meng Bridder an ech, mam Alli eens ginn, datt hie sech net sollt verstoppt halen. D'Leit am Duerf sollten d'Meenong kréien, hie wier e Schoulkomerod vu mir, deen an ,Ënnescht Kuljes' zu Besuch wär, sou wéi dat dack de Fall war. Eisen Alter war deem net entgéint, an ausgemaachter Saach, huet d'ganzt Duerf ,den Alli' fir dat goe gelooss. Hie war en zolitte, kräftege Borscht, dee sech bei der Feldaarbecht wosst unzeleeën, an och soss den Duerfleit eemol e frëndlecht Wuert vergonnt huet. Jidderee wollt direkt erausfonnt hunn, datt hie ,vum Bauer' wär – an dat war an hiren Ae ganzeg vill!

Mir selwer waren e bësschen houfreg op den Alli. Hie war e puermol iwwer d'Demarcatiounslinn a Südfrankräich gefuer, mä net fir Pleséier, et kann een zielen! – Unzegesinn huet hien sech an eisem Haus voller erwuesse Leit (Papp a Mamm, eng Mattant, véier Jongen an e Meedchen) wuel a sécher gespiert. An deeër Hickicht vu Leit konnt een d'Gefill hunn, net méi weider opzefalen! Zu där grousser Famill huet awer och nach den Hari gehéiert, e Jong vun engem Nopeschduerf, dee bei äis verstoppt war. Aner „Jongen" si komm a gaang, mä den Hari war scho bal e Stéck vum Haus. Um iewescht Späicher hat e säi Schlofleeër mat engem Zougank vun der Scheier aus. A Bakes, Stall a Scheier gouf et vëllechen ze dinn an ze koschteren. Wann en emol gebruckt an deeglaang net geschwat huet, wousste mer, datt en et mat Stäen och alt schwéier hat.

Et war, wéi gesot, Kiermeséindeg, a wéi meeschtens ëm déi Joereszäit, schéint Summerwieder. D'Fruuchtstécker stunge schonn zeideg op deenen dréchne Bänn ze liichten, an déi wäissgekallekt Éisleker Dierfer luchen alt doruechter an der Sonn ze bréien. Et war sou stëllen, sou roueg, et ging ee bal soen, verhuele roueg. War et schold, datt mer keng Beschäftegong haten a méisseg waren?

Mat Momenter gouf een dees ongemällege Gefill net lass, et sting anzwousch een äis heemlech nozekucken.

D'Jongen an deenen Dierfer souze fest an hire Stoppen, keen huet bougéiert. Mir hate jidderengem et ageschäerft a ware streng doran:

Keng Waff! Si haten sech op hire Kapp ze verloossen an op soss näischt ze stolséieren, een eenzele sollt net aus Liichtfank all di aner an d'Gefor bréngen!

Sou wéi et scho sonndes eis Gewunnecht war, gung ech och deen Owend mam Alli an eng vun deenen zwou eenzege Wiertschaften, déi allebéid uewen am Duerf luchen. An deem klenge Sall, lénkserhand vun der Wiertsstuff, souze Leit, an och di zwéi preisesch Gendaarmen, an hire gréngelzegen Uniformen, souzen do bei engem Patt ,Algerischen', deen esou vioulech war wéi Lousaaft. War et, datt en hinnen iewel geschmaacht huet, oder war et nëmme fir d'Zäit erëm ze kréien, well se wëlles hate gläichens der Dag op Tournée ze fueren. Ëm zwou Auer nuets souze se nach do a gungen déi Nuecht net an d'Bett. Si koumen ni méi derzou!

Op der Kichekummer, wou mir zwéin an engem Bett geschlof hunn, stéisst den Alli mech mueres fréi an d'Säit: „Héier, lauschter! 't schwätzt een donidden! 't ass eppes geschitt!" Mir, dat néidegst Gezei un, an d'Trap erof! De Mëllechmann war scho fort. Seng Nouvelle: Di zwéi preisesch Gendaarme sinn de muere fréi am ,Ale Bësch' (tëscht Eschduerf an Heischent) erschoss ginn! Wéi a weider wousst en net ze soen. Mir dong et een Ament Leed fir di béid, bei deene mer eléisch en etlech Stonne virdrun an der Wiertschaft souzen. Mä 't war nëmmen eng éischt Gedank, déi gläich iwwerdubbert gouf vun deeër ängschtlecher Fro: Wat gëtt elo? Wat ënnerhuelen d'Preisen? – Mir hunn u Geisele geduecht.

Geschwënn duerno koum ee vun eise Leit vun uewen aus dem Duerf eis rapportéieren, et wieren Deserteuren, déi di Saach ugestiwwelt hätten, an 't wier och ee vun deene leie blif. Domat wousste mer net, waren et ,eiser' oder soss eng? – Ëm hallwer Muerge passéiert e groe preisesche Sträifewon d'Maartplaz: Achtung, Achtung ... wer Volksschädlingen ... Volksverrätern Unterschlupf gewährt ... wird mit dem Tode bestraft! – Sou schro deen Opruff och war, en hat fir äis eppes Guddes. Et hat den Uschäin, datt d'Preisen blannemännches gingen zougräifen fir d'Wourecht gewuer ze ginn!

Duerop hu mer an eiser Stuff mam Alli berotschlout, apaarti wat hien uging. Fir den Hari war nëmmen eent méiglech. Wann et sollt brenzleg ginn, géif en sech a senger Stopp ënnrem Stréikoup an der Scheier verkrauchen. Déi Stopp huet äis zimlech sécher geschingt. Mä mam Alli war et anescht! Hie war fräi am Duerf op- an zougaang, an et wier elo net gutt, wann e mat engem Coup ging verschwannen. Dat kënnt dësem or deem e Soupçon ginn. Fir den Ament huet eng Zwëscheléisong äis dat Bescht geschingt, a mir si gläich nomëttes, an deeër entgéintgesater Richtong, wou dat geschitt war, an d'Fruucht gefuer. D'Fruucht war net eeschlech zeideg, mä wuerop et ukoum: d'Fruuchtstéck luch alt laanscht e jongen Dännebësch! Do hätt den Alli all Moment kënnen ongesi verschwannen, an deene sëlleche Louhecken erof an de Sauerdall.

Grad datt mer fir dohinner bausst dem Duerf waren, gouf et bei der Gendarmerie, um allerieweschten Enn vum Duerf, op der Haaptstrooss e groussechen Opzock. Camione voll preisesch Zaldoten aus enger Tréirer Kasär sinn ukomm. Enger drësseg Gestapomänner mat Polizeihënn stunge parat, an de Gestapochef Hartmann aus der Stad huet eng Usprooch gehal a senge Leit Instruktioune ginn, fir eng grouss ugeluechte Razzia.

[…]

Vun all deem Tracas an der Ëmgéigend hate mir an der Fruucht näisch héiren a gesinn. Wéi mer d'Fruuchtstéck zu Nuecht erofhaten, an eis och weider näisch an d'Wier koum, si mer op heem zou gaang. Meng Bridder sinn um Fruuchtbënner der Landstrooss no gefuer; den Alli an ech sinn duurch ‚d'Aech', e verstuelene Wee mat enger maanshéijer Ho derlaanscht, op heem zou gaang.

Wéi mer do an d'ënnescht Duerf erakoumen, ass deem Ament e preiseschen Zaldot, dee wuel op Poste stung, ofmarschéiert an erop an d'Duerf geschréckt! Dat muss eis wéi Zréckmuppes virkomm sinn, well nom Nuechtiessen, knapps de Läffel aus dem Monn, sot den Alli: „'t ass Kiermes! Wéi wier et, wa mer „een huele" gingen!?" Den éischten Ament koum dat mer e bësse riskéiert vir, mä, fir net manner Courage ze weisen, war ech d'accord.

Du si mer dann erop an d'Duerf geschréckt. 't war schmeier, a schonn däischter, et sollt e Wieder ginn. Mir hu kee Wuert geschwat an d'Oure gespëtzt no alle Säiten hin. Kee Mënsch war bausst der Dier, näischt huet sech geréiert. – Wéi mer nach en etlech Schréck vun der Wiertschaft ewech waren, huet et eng Kéier do dernieft an der Däischtert gekléckt: En Zaldot op Posten hat säi Gewier entséchert! – Mäin éischte Gedanken ass: Dee Preiss soll gewuer ginn, datt mir Kënneger sinn! Ech trieden e Schrack op d'Säit nieft d'Viischtdier – a maachen, wat knapps e Friemen ënner deenen Ëmstänn mécht! De Preis geet virun. Wéi mer am Hausgank, ier een an d'Wiertschaft kënnt, d'Viischtdir hannert eis zoumaachen, héiere mer vu bannen e Gedäisch wéi vun engem Beieschwarem! Dat steet eis näischt Guddes un, mä mer kënnen net méi zréck. Ech drécken d'Klensch vun der Dier fir an de Café – d'Dier geet op: d'ganz Wiertsstuff sëtzt voller Preisen an Uniform! Wéi am Dram gi mer duerch d'Mëtt vun deem längleche Raum bis uewen hin, wou di jonk Wiertsfra hannerëm Comptoir steet. Um ronnen Dësch, virdru gesinn ech mäin eelste Brudder mat nach en etlech Borschten aus dem Duerf. Ech soen huerteg eppes Frëndleches zur Wiertsfra an zéien iwwerdeems, un deem eenzegen Dësch, deen do nach fräi ass, e Stull eraus, fir datt den Alli mam Réck zu der Stuff sëtze kënnt. Ech sëtze mech géint d'Wand op d'Bänk vis-à-vis a gesinn den Alli an d'Gesiicht: Et war wäiss wéi en Duch! Ech soen nees eppes zur Wiertsfra, déi ganz frëndlech lount, a kucken eng Kéier ganz genëschelt an de Raum.

Um ronnen Dësch nieft der Cafésdier sëtzt eng extra Zort vun Uniforméierten, déi an engem Stéck op äis kucken an eis stänneg am A hunn! Op deen Dësch hin, wou mäi Brudder sëtzt, soen ech haart, datt d'ganz Stuff et kann héieren: „'t ass esou dompeg dobaussen, et wäert wuel e Wieder ginn!" Dat huet gedingt! Ech riskéieren en zweete Bléck erof zur Dier. Se hu sech gi mat Kucken a schwätzen elo.

Dunn eléischt huelen ech anuecht, wat fir eng schro Zort dat ass. Se si vun der Sonn verbrannt wéi Wëller an hunn eng Kuck wéi Strauchmäerder. An sou Uniformen hat ech nach nimools gesinn. (Spéider goufe mer gewuer, datt dat SS waren, déi riicht vum Balkan koumen, Spezialiste souzesoen, am Partisanekrich.) Den Alli muss a mengem Gesiicht gelies hunn, datt hannert sengem Réck sech d'Situatioun gebessert huet. E krut rëm Faarf an d'Baken, huet geschwat a fir d'éischt mol eng Kéier iwwert d'Schëller geluusst. Un all Dëscher hunn d'Zaldote sech ënnerhal an hirem Jargon, a keen huet vun äis méi Notiz geholl. Op engem vun deenen Dëscher ass dunn däitlech dat Wuert „Partisanen" gefall!

[…]

Géint Hallefnuecht, nodeem di schro Gesellen nieft der Dier sech bis op e puer gehuewen haten, si mir och gaang. Mer hate laang op deen Ament gegamst. Dobausse war et schwaarzdäischter ginn, an 't huet schonn an der Luucht gegrommelt. An der Kichen doheem souz d'Mamm un enger Kachecht Gromperen ze schielen, deeër et e Koup huet misse sinn, fir déi siwe Maansleit am Kascht. Si huet näischt gesot an näischt gefrot, se war wuel voller Suerg ëm hir véier Jongen.

Mäin eelste Brudder war äis aus der Wiertschaft um Fouss nokomm a sot, et géif schonn ufänken ze drëpsen. Hie wollt hunn, datt mer eng Fouer Lou am Haff nach mat Stréi sollten decken. Déi stung krautdréchen do, fäerdeg gelueden, fir deen aneren Dag op de Waggo geliwwert ze ginn. Den Hari stung, nach e Krack méi bleech wéi soss, eng wëllen Decken ënnerem Arem, matzen an der Kichen ze waarden. Hie sollt déi Nuecht net am Haus, mä um Lou-Schapp am Haff verbréngen. Mir hu gemengt, et wir vläicht besser esou, well 't wéisst een net, wat nach an der Nuecht kënnt virkommen! Ech sot dunn nach grad zu mengem Brudder, hie sollt op d'Viischtdier goen a sech ëmsinn, op d'Luucht och propper wär. Wéi en eraus op d'Schwell trëtt, erbléckt en, e puer Schréck dernieft, am „Kierfechtswee" (tëscht eisem Hausgiewel an dem Kierfecht) e preiseschen Zaldot, deen do Poste steet!

Den Alli huet déi Nuecht keen An zougedon. Baussen ass de Preis un engem Stéck mat senge schwéiere Stiwwelen hin an hier postuléiert. Et hat den Uschäin, datt se eist Haus absënns gingen iwwerwaachen! Kaum enttompt, sinn ech erëm erwächt. Du hunn ech fir d'éischt gespiert, datt et mech am Hals ging wiergen. Wéi wann ee, mat engem Drot, mer d'Guergel wëllt zoudréien. Dat war d'Angscht! (Spéider krute mer wäis, datt déi Nuetswuecht net op eist Haus gemënzt war, mä op de Kierfent dernieft. Am Partisanekrich soll et alt virkomm sinn, datt sech der op de Kierfenter an de stenge Griewer an de Sarkophage verstoppt hätten).

Den Zoufall wollt, datt deen Ament dräi Lëtzebuerger Jongen (zwéin dervun waren eng Zäit virdrun an eisem Rayon verstoppt gewiescht) nach viru klorem Do d'Feldglécht op deer Plaz wollte passéiren. Well hinnen eng nei Stopp am Éislek hat sollen zougewisen ginn, waren se owes vidrun zu Méchelbuch opgebëntelt, zu Fouss fir op d'Giewelsmillen. De Rendez-vous huet net geklappt a si ware genéidegt, de Marsch fir zréck erëm unzetrieden. Et war scho bal hell Dag, wéi se hannerem ,Ale Bësch' vun de preisesche Gendarme gesi goufen.

Di zwéi Gendarmen, op hire Vëloen, hate wuel vu wäitem schonn, hannert der Barrière vun Dännen, eppes anuecht geholl, wat hinnen ëm déi fréi Mueresstonn net liwreg virkoum. Wéi wann näischt wär, si se gemällech op hire Vëloe virugejabelt; mä wéi se bis tëschent deenen zwéi Bëschelcher waren, hu se sech nieft d'Vëloen an de Stroossegruef geworf, d'Gewier am Uschlag! Ee vun deenen dräi Lëtzebuerger Jongen, deen e Revolver am Grapp hat, krut e Kappschoss a war op der Plaz dout. Iwwerdeems wäerten di aner iwwert d'Strooss eriwwer an den Dännebëschelche gerannt sinn, fir de Preisen an de Réck ze kommen. (Se kënne kaum scho virdrun an deem Bëschelche gestan hunn, well e war geschnät a souzesoen duerchsiichteg.) Egal wéi et war, ee vun de Gendarme kritt den Doudschoss, deen aneren e Schoss an de Läif a leeft, e gudden hallwe Kilometer wäit, queesch duerch d'Feld bis an ,Dickeschbur'. Do gëtt en, sou séier et geet, am Metti vun Dickeschbur seng Holzgas-Camionnette geluede, di eenzeg, déi nach am Duerf ass, a fort mat em an d'Klinik op Ettelbréck. Well net grad en Dokter zur Hand ass, geet d'Rees da weider fir an d'Eecher Klinik. De Preiss, dee schlëmm geblutt huet, ass op deem Transport gestuerwen. Wéi et schéngt, konnt en na soen, säi Komerod hätt „als éischte" geschoss.

Mir ware mëttlerweil gewuer ginn, wien deen Doudege war, an och wéi déi Affär sech zougedroen hat: Déi zwéi preisesch Gendaarme musse geschwënn duerno, datt se nach bei äis am Café souzen, mat hire Vëloen op d'Tour gefuer sinn. Hannerëm ,Ale Bësch', wou d'Eschduerferstrooss riichtaus iwwer d'Glécht féiert, ass d'Ongléck du geschitt.

[...]

Nodeems mer woussten, datt weinstens kee vun ,eise Jongen' mat der Schéisserei ze dinn hätt, war den Dag awer nach net zu Enn, ouni eng weider Oprou!

Owes kënnt ee vun eise Leit a peekt an eiser Stuff eng Nouvelle aus, datt mer vu Schreck eis riicht op de Stull néierlossen. Verschidden Heischenter Jongen, déi mer a Sécherheet woussten, waren heemlech op d'Kiermes komm a souzen elo doheem bei hire Leit, wéi an enger Mausfal! Hir Eltre wousste sech kee Rot méi an hunn all Helleg am Himmel ugeruff!

D'Preise konnten all Moment ausgerechnet an deenen Haiser, wou d'Jongen desertéiert waren, eng „Hausdurchsuchung" halen! Déi Jongen hu mussen do eraus, mä wéi a wouhin?

Deen Dag duerno gouf ee vun deene Jongen – well en net iwwergrouss war – an eng Rëllekëscht gepaakt, wéi d'Bauere se benotze fir d'Fierkelen op de Maart ze féieren. Si gëtt um Metti seng Camionnette gesat a ronderëm en Tässel Louholz gelueden. (Brennholz war net „bewirtschaft"!) Mam Rescht Bensin, deen Preisen him gestallt haten, huet de Metti de Jong bei seng Famill an en Duerf no bei d'Stad geféiert.

Mat engem aneren, deen och doheem an der Klemm souz, war et eis op een Hor no keng dräi Längte ginn. Mir hun em soe gelooss, hie sollt sech an der Scheier vu sengem fréiere Meeschter verkrauchen, e Bauer, deen ausnahmsweis un den „Deutsche Sieg" ggleeft huet. An deem sengem Gehais huet eis säin apperdéngege Kniecht, dee sech do gutt auskannt huet, am sécherste geschingt. Eise Rot, sech Iessen an Drénkes fir en etlech Deeg matzehuelen, hat de Jong net befollegt. Wéi en Honger krut, weist e sech bei sengem fréiere Patron. Deen huet sech blann an daf gestallt a sengem gudde Kniecht vu vidrun näischt z'iesse ginn – mä en huet en net verroden!

Sou war et mat deer ganzer, schroer Saach nach just „op der Nuef erausgaang", wéi een emol seet.

Vakanzen
RAYMOND SCHAACK

Wéi oft ass et mer an deene leschte Joren ewell virkomm, datt ech an enger Klass no iergendenger Uertschaft aus eisem Land gefrot hunn, an datt da kee Mënsch wousst, wou dat Héngernascht léich. Besonnesch alles wat iwwert Ettelbréck erausgeet, ass terra incognita. Ech wéisst gär, wéivill Lëtzebuerger nach ni an hirem Liewen zu Clierf oder zu Ëlwe gewiescht wieren, vun Dierfer wéi Tratten, Hëpperdang oder Kierchen iwwerhaapt net ze schwätzen. D'selwecht geet et, wann een no enger oder där anerer Gaass aus eiser Stad freet. D'Logegässel, d'Jufferngässel, de gebocklechte Prënz, a wat ass dat? Et ass einfach esou, datt déi meescht vun eise Matbierger méi bekannt op der Costa Brava, zu Mallorca, op Bali an an Hannerindie sinn ewéi an hirem Heemechtsland. Et ass eben net ,in' fir doheem Vakanz ze maachen, a wann ee fortfiert, muss et wéinstens ëm d'hallef Welt goen, soss war een néierens.

Am Krich an direkt nom Krich war et anescht. Do haten déi meescht Leit keng Sue fir iwwerhaapt an d'Vakanz ze fueren, a wann et iergendwou higoung, war et net wäit. Vun de Vakanzen, déi ech mat eisem Marc zesummen zu Ischpelt verbruecht hunn, hunn ech jo ewell an den „Éisleker Erënnerungen" geschriwwen.

Déi alleréischt Vakanz awer, un déi ech mech erënnere kann, hat eis am Krich op de Geemenerhaff geféiert. Dëse wonnerschéinen ale Bauerenhaff läit net wäit vu Consdorf, an ass säit éiwegen Zäiten am Besëtz vun der Famill Leonardy. Eent vun de Meedercher aus dem Haus, war eng Pensiounsfrëndin vu menger Mamm, an esou koum et, datt mir fir e puer Deeg duer invitéiert goufen. Vu Clierf aus war dat eng onheemlech Rees. Mam Zuch an d'Stad war scho keng Klengegkeet. Do gouf de Chareli geholl, deen, wann een d'Zuel vun de Statioune gekuckt huet, déi en tësch der Stad an Iechternach mouch, wéinstens dausend Kilometer hätt missen zeréckleeën, a fir déi kuerz Streck, déi en a Wierklechkeet ze fueren hat, grad esou laang Zäit gebraucht huet. Mir sinn zu Hemstal erausgeklomm. Do goung dann dee schéinsten Deel vun der Rees un, well do huet den Här Leonardy mat der Kutsch op eis gewaart. Wat war dat der dach e Genoss, an deem schéine, schwaarze Cabriolet, deen e Biddi gezunn huet, iwwer Land ze fueren. Den Här Leonardy war e richtegen Härebauer, a seng Statur eleng huet ee well impressionéiert. Et war e Ris, an en hat e Schnauz, méi schéin a méi haart ewéi dem Astérix säin. Wann en um Bock vun der Kutsch souz, huet en eemol mat der Baatsch geklaakt, an da wier de Biddi bestëmmt vum selwen de Wee bis heem gelaf. Fir mir eng Freed ze maachen, huet e mir awer alt emol d'Baatsch ginn. Da konnt ech mat där de Biddi e wéineg undreiwen. Huet den Här Leonardy gemierkt, datt d'Päerd ugefaang huet midd ze ginn, huet e sech d'Baatsch erëmgefrot, an et goung am Schrëtt weider. Mer hate jo Zäit, wéi deemools d'Leit nach alleguer.

Den Haff selwer war mat enger grousser Mauer ëmginn. Mir si mat der Kutsch zur Paart eragefuer, déi en Hond wéi wëll verdeedegt huet. Deen ass un enger laanger Kette gelaf, déi uewen un de Mauere vun de Scheieren an de Ställ festgemaach war. Esou kount en de ganzen Haff bewaachen. Mir hunn den Zerberus elle gefaart, a kee vun eis hätt sech ouni Begleedung laanscht e gewot. Déi Zäit ewell hate Leonardys immens vill Béischten. Nieft dem Biddi hate se nach aacht där schwéierer Ardennerpäerd. Fir e Vergläich ze ginn: Am Éislek hat deen déckste Bauer fënnef Päerd. Déi meescht awer haten eent, an hunn en Uess oder esouguer eng Kou ugespaant fir d'Koppel ze maachen. Am Schwéngsstall louchen d'Fierkelssai doseweis an der Rei, a vu Randbéischte waren et ganz Träpp, wéi d'Mëscht et am beschte bewisen huet. En immense Bongert war nieft dem Haff. An deem stounge vrun allem Kiischtebeem. Elo nach gesinn ech déi riseg Liederen, déi uewen an der Kroun verschwonne sinn wéi d'Himmelslieder an de Wolleken. Kiischte goufen et vun allerlee Zorten, rouder, wäisser, schwaarzer, an eng ware besser wéi déi aner. Kee Wonner, datt den Haff seng eege Brennerei hat, wou a Kiwwelen a Bittercher d'Uebst gemautscht huet. Do sinn ech grad sou ongär mat eragaang wéi an de Schwéngsstall, well op béide Plazen huet et eekleg gericht. Trotzdem awer huet d'Brennerei mech ugezunn, well dobanne waren esou kromenalesch Instrumenter, déi een direkt un engem Alchimist seng Hiel erënnert hunn.

D'Brout huet d'Madame Leonardy selwer gebak, an dees huet et misse sinn! Nieft den Elteren an den dräi Kanner waren nach wéinstens zwéi Kniecht ze bekäschtegen. Donieft waren nach zwou Tattaen an ee Monni beim Haus do, déi jo deemools e ganze Räichtem an engem Baurebetrib duergestallt hunn. Besonnesch frou war ech mat der Tatta Sisy. Si huet sech nämlech ëm d'Gefligel gekëmmert. Dees gouf et vun allerlee Zorten: Hénger, Gänsen, Inten. D'Gänsen hunn ech gefaart, zanter datt zu Reiler eng mech an d'Bee gebass hat. Am léifsten hat ech d'Hénger. Ech si mech wéi e richtegen Detektiv virkomm, wann ech mat der Tatta op d'Sich no den Eeër goung. Si wousst zwar d'Plaz vun deene meeschten Näschter. Ma dat eent oder anert Hong huet et nawell fäerdeg bruecht, fir säin Ee sou gutt ze verstoppen, datt een et net gläich fonnt huet. Well d'Tatta genee wousst, wéivill Hénger deen Ament um Leeë waren, huet si sech net ginn, bis och dat lescht Ee fonnt war.

De groussen Ament vum Dag war deen, wann d'Hénger gefiddert goufen. D'Tatta Sisy hat eng grousseg Kuerbel voll Kären. Knapps huet si sech mat deeër am Haff gewisen, hunn d'Hénger well méi ronn Ae gemaach. Ass dann den „Dick, dick, dick" erklong, goung der e Gerenns un, wéi op den olympesche Spiller beim Honnertmeter. Ech hu fir mäi Liewe gär der Tatta bei dëser Aarbecht gehollef. Et war esou en apaart Gefill, wann déi mëll Plomme vun den Hénger engem un de Been gekëddelt hunn. Flott war et och nozekucken, wéi eent deem anere säi Kär net gegonnt huet, a besonnesch dee wollt fëschen, deen d'Nopesch well hallef am Schniewel hat. Den Hunn huet sech natierlech besonnesch gourmangzeg gewisen. Hee war awer jo och dee Schéinsten, an ech hätt e fir mäi Liewe gär eng Kéier geheemelt. Dat war awer net dran, an ech hu mech missen zefridde ginn, seng Plommen ze bewonneren, déi wéi flësseg Sonn, liewegt Gold a gliddege Koffer geglënnert hunn.

Belsch Plaasch
SERGE TONNAR

1
kann et wéinst dem optiker sinn?
huet hee mir vläicht e falsche brëll ginn?
ech kann iech all net méi gesinn!

muss ech en orl besichen?
muss hee mer d'nues vläicht ënnersichen?
ech kann iech all net méi richen!

refrain
leckt mech dach all am aasch
ech fueren op d'belsch plaasch
ouni pass ouni bagage
fueren ech op d'belsch plaasch
keng vignett, kee peage
vun hei bis op d'belsch plaasch
äddi a bon voyage
ech sinn op der belscher plaasch

2
an hunn ech d'féiss da bis am sand
an d'hoer fléien am wand
eng fläsch béier an der hand

da brauch ech keng côte d'azur
keng knippercher vum namur
keng massage, keng pedikür

... an du goung et no Osten
ARTHUR PHILIPPE

Op der Sandweiler Gare ukomm, stoungen déi aner Kameroden mat hire Pappen oder Gesëschter, schonns deelweis do, fir op den Zuch ze waarden, deen eis ewech geholl huet, fir eis bis op d'Gare an der Stad ze féieren. An der Stater Gare si mer schonn direkt vum Wachkommando vun der Wehrmacht empfaangen a gesënnert ginn. Et war op der Lëtzebuerger Gare an net zu Hollerech, wou d'Joergäng virun eis nach an Empfang geholl, gesënnert an oftransportéiert goufen.

Mäi Frënd a Schoulkomerod de Rupperts Robert ass bei eng aner Eenheet agedeelt ginn, ewéi de Peiffesch Pir an ech. Den Steffens Nic war net derbäi. Hie war krank. Ech weess net, wat en hat, mee en ass jiddefalls deen Ament net agezu ginn.

Mir goufen an den Zuch verfracht, an et goung nees erëm eng Kéier no Osten, a Richtung ,Reich'. Am Zuch goufen elauter Lëtzebuerger Lidder gesongen. Zu Waasserbëlleg huet den Zuch nach eng Kéier stall gehalen, an déi Waasserbëlleger Meedercher hunn eis fir d'lescht Awar gesot.

Du goung et weider, mir wossten net wouhinner. Mir haten déi ganzen Zäit Angscht, wéinst de Fligerugrëffer. An dat mat Recht. Deen aneren Zuch, wou de Rupperts Rob dra war, dee gouf ugegraff, an deen éischte Lëtzebuerger hat säi Liewe verluer, éiert en iwwerhaapt eng preisesch Kasär gesinn hat. Dat gouf een natierlech eréischt spéider gewuer.

[…]

Véier Deeg a fënnef Nuechten hu mir am Zuch verbruecht, bis mir enges spéiden Nomëtteg am fréieren ,Ostpreußen', zu Preußisch Eylau, ukomm sinn.

Am Kasärenhaff goufe mir der Gréisst no opgestallt an an Zich agedeelt, an deementspriechend zesummegewierfelt.

De Pfeiffesch Pir an ech, mir haten zimlech eng Gréisst, an do-duerch si mir och an der selwechter Bud gelant.

Deen aneren Dag si mir agekleet ginn an hu missen déi verhaassten Uniform undinn. Eist zivilt Gezei gouf a Wallisse verpaakt an heem geschéckt. Mir haten trotz allem déi Chance, dass mir an enger moto-riséierter Artilleriekasär gelant waren.

Eis Uschrëft war: „Ersatz- und Ausbildungsabteilung 228".

Mir haten eis direkt ausgerechent, dass mir bei der Artillerie méi wäit vum Schoss wieren ewéi als Infantrist oder als Pionéier.

An du goung den Drill lass. Eisen Zuch krut esou en décken Ënneroffizéier als Ausbilder, an deen huet um Kasärenhaff gebirelt ewéi e Stéier. Ech duecht, elo bass de hei erëm ënnert déi richteg Raiber gefall!

[…]

Den Alldag un der Front huet een no esou laanger Zäit vergiess, grad ewéi och am normale Liewen. Mee wann engem eppes Aussergewéin-leches geschitt, dat vergësst een nie. Esou war dat hei och. Ech war enges Daags zesumme mat engem aneren Zaldot an en Tanklager Sprit sichen. Ech hat aacht Fässer zu 200 Liter gelueden, a war grad um Wee, fir nees zréck bei eisen Tross. Mee wat gesinn ech op eng Kéier viru mir, dat wat een elo all Dag op eise Stroosse geséit, e Stau. Ënnen am Lach hat e Schützepanzer, deen eng Pann hat, eng schmuel Bréck blockéiert. Ech wäert esou den 20. an der Rei gewiescht sinn, a vun der anerer Säit erbäi, war de Géigeverkéier wuel grad esou vill. Ech hu just geduecht, dat do wier e gutt Friesse fir d'russesch Schlachtfliger, wéi ech an d'Luucht kucken. A wat gesinn ech: E schwaarze Stréch um schéine bloen Himmel.

„O Schreck!"

D'Russe si gewéinlech zu zéng oder zwielef niewentenee geflunn, esou dass ee se vu wäitem als schwaarze Stréch gesinn huet. Wat maachen? Ma, näischt ewéi eraus aus dem Camion an esou wäit vun der Strooss ewech ewéi méiglech. Mir waren nach keng 200 Meter gelaf, dunn huet et schonns gerabbelt. A mir zwee loungen an enger Wiss an engem Hiwwel, ouni Deckung, an zudeems nach genau an der Ver-längerung zur Schossrichtung. Ech weess elo nach genau, dass ech deemools gebiet a mech mat den Hänn am Gras festgekrallt hunn. Et huet eng Éiwegkeet gedauert, bis déi zéng hir Aarbecht gemaach haten.

D'russech 'Schlachter' hunn net der Strooss no ugegraff, mee si sinn ëmmer an enger Aachtchen hir Ugrëff geflunn, sou dass si ee Punkt ënner Beschoss geholl hunn. A wann nëmmen ee vun de Piloten de Fanger eng Sekonn méi spéit vum Knäppche geholl hätt, dann hätt ech dat heite bestëmmt net méi kënne schreiwen. Si haten zwou 2-cm-Kanounen an zwee Maschinnegewierer, aus deenen se eraus gespaut hunn, mee se hunn ëmmer kuerz virun eis hir Maschinn nees eropgezunn ...

Mir waren nach eng Kéier dervu komm. Mee wéi dee Spuk eriwwer war, a wéi mer opgestane sinn, an eis vum Schreck erholl haten, hu mir emol eise Renault gekuckt.

„O Schreck!"

Wat mir do gesinn hunn: den Himmel war schwaarz vun Damp an de Camion viru mengem stoung hellewech a Flamen. Ech hunn un dee ville Benzin geduecht, deen ech gelueden hat, ma virun allem un eppes aneschters. Ech duecht nach u meng Lëtzebuerger Identitéitskaart, déi ech am Paltong stiechen hat, deen ech am éischte Schreck vergiess hat, aus dem Camion ze huelen, wéi ech d'Fliger gesinn hat. Wie wousst, wou dat klengt Stéck Pabeier engem nach kéint nëtzlech sinn?!

Mir si bei eise Camion gelaf an hu gesinn, dass déi zwee Camionen, déi virdrun am Stau nach hannert mir stoungen, schonn zeréck gefuer waren. Ech hunn och bemierkt, dass de lénken Zwillingspneu platt war. A wéi ech d'Dier opgemaach hat, hunn ech gesinn, dass d'Kabinn voller Glasschiebele louch, e Stéck Bakelit vum Steierrad gefeelt huet, an e Lach am Réckepolster vu mengem Sëtz war.

Mir hu séier d'Glas vum Sëtz geschäert, sinn eragesprongen an hunn demarréiert. An dee gudde Renault huet mech net am Stach geloos, hien ass direkt ugesprongen. De Réckgang an, an zeréck, esou séier wéi méiglech ewech vun deem Won, deen do geflaamt huet. Et war awer och Zäit ginn, well ech war knapps 25 Meter wäit hannerzech gefuer, dunn ass de Camion, deen a Brand stoung, explodéiert. Wat zu der fierchterlecher Explosioun gefouert huet, weess ech nach haut net, well et war en Diesel, dee Ravitaillement gelueden hat.

D'Béchse mam ‚Büchsenfleisch‘, sinn esou héich geflunn, dass een se bal net méi gesinn huet. Mee si sinn erëm op de Buedem gefall, a mir hunn eis dermat geseent. Op eng Kéier war e ganzen Trapp vun Zaldoten do, fir sech ze bedéngen. An do waren der derbäi, déi eppes vu ‚Büchsenfleisch‘ verstan hunn. Du sinn ech endlech emol gewuer ginn, wat déi verschidden Zeechen op deene Béchsen géifen heeschen. Do sot nämlech een där aler Huesen een:

„Mensch, nimm dir bloß Büchsen, die mit R gezeichnet sind, das ist Rindfleisch. Das schmeckt am besten!“

Déi mam „S“ ware vum Schwäin, déi mam „K“ vum Kallef. Esou léiert een ëmmer bäi.

Ech weess net méi, wéi laang et gedauert huet, bis de Schrott aus der Strooss geraumt war. Et muss en ‚Tiger‘ oder e ‚Panther‘ gewiescht sinn, deen, wahrscheinlech iwwer Funk, ugefrot gouf, fir den havaréierte Schützepanzer ofzeschleefen.

Wéi ech endlech bei eisem Tross ukomm sinn, hunn ech emol mäi Camion mat sengen Aschëss méi genau ënnert d'Lupp geholl. Wann ech am Camion sëtze bliwwe wier, da wier d'Kugel, déi deen Duerchernee verursaacht hat, mir just iwwer dem Nuebel an de Bauch gaangen.

Mir hunn dunn d'Fässer ëmgelueden, fir un d'Reserverad ze kommen, an dunn hunn ech festgestallt, dass déiselwecht Kugel, nodeems se de Réckepolster an d'hënnescht Wand vun der Kabinn duerchschloen hat, och nach an d'Këscht duerch de Buedem erausgaangen ass, genau zwee Zentimeter niewent engem Benzinsfaass. Jo, Chance muss een hunn, zemools un der Front!

Mir kommen an en Ausbildungslager
RICH RUPPEL

D'Woch ass séier eriwwer. Elo ass den Dag do, wou d'Preisen eis siche kommen. Ech kann d'ganz Nuecht net schlofen a sti scho moies ëm hallwer fënnef op. Meng siwe Saachen hat meng gutt Mamm schonn den Dag virdrun an eng kleng Wallis agepaakt. Moies um Kaffisdësch gëtt net vill geschwat. Meng Mamm muss déi ganzen Zäit Tréinen ofbotzen. Mäi Brudder huet mech nom Kaffi an den Aarm geholl a lues zu mir gesot: „Et geet alles an d'Rei, Jacques! Ech wënschen dir vill Gléck!"

Mäi Papp hëlt mech an den Aarm an ech gesinn, wéi hien heemlech eng Tréin ewechdréckt. „Bouf, du weess, du muss rëm heemkommen. Verspréchs du eis dat?" – „Jo, Papp!"

Duerno huet meng Mamm mech ëmäerbelt a mir eng Bees op de Bak ginn. „Mäi gudde Jong! Komm erëm zréck wann ech gelift! Mir biede fir dech, datt dir näischt geschitt!"

Ech hu si fest gedréckt a gesot: „Ech muss elo goen, et gëtt héich Zäit!" Et ass mir dee Moment keen anere Saz agefall, ech hätt och nach eppes aneschters kënne soen. Ech huele meng kleng Wallis a ginn zur Dier eraus. Ech dréine mech nach kuerz ëm a wénken hinnen nach esou laang, bis si mech net méi kënne gesinn.

Bei der Kierch ukomm, do stinn de Charel an de Pier scho prett. Et ass kuerz viru sechs Auer. Pënktlech um sechs kënnt e Camion bei d'Kierch bäigefuer, fir eis opzelueden.

E preiseschen Zaldot klëmmt hannen eraus a freet eis d'Nimm op. „Alles einsteigen!", seet hie knapp a weist mam Gewier op de Camion.

Mir klammen hannen eran an erblécksen de Jacobys Téid an de Schumachesch Philippe. Si si vum Nopeschduerf.

De preiseschen Zaldot setzt sech hanne mat sengem Gewier op déi lescht Plaz. Mir däerfen net matenee schwätzen. D'Baatsch hanne bleift opstoen iwwerdeems wou mir fueren, esou datt mir no hannen eraus kënne kucken.

Et schwätzt keen e Wuert. „Wohin fahren wir?", froen ech den Zaldot, fir d'Rou z'ënnerbriechen.

„In ein Ausbildungslager!", äntwert de Preiss knapp.

„Et geet elo mol Richtung Éislek!", seet de Pier. – „Ruhe!"

Hei am Ländche wësse mir nach, wou mir dru sinn. Awer wéi geet et am Ausland? Ech maache mir Gedanken, wou mir sollen higeféiert ginn.

No enger gudder Zäit si mir am Éislek ukomm an de Camion bleift an engem klengen Duerf bei der Kierch stoen. Do gëtt nach een opgelueden.

„Ech sinn de Willi. Wantze Willi!", stellt hie sech vir. „Ech si vum Rannerhaff!" Hie setzt sech néier. Hien ass méi e klengen, awer kräftege Maanskärel mat roude Baken. Dorun erkennt een, datt hie Bauer ass.

„Hier darf nicht geredet werden! Ich will, dass es hier mucksmäuschenstill ist!", rifft den Zaldot stramm.

„Oh, Verzeihung!", seet de Willi galant. „Das habe ich nicht gewusst!"

Mir ginn dem Willi alleguer d'Hand, fir hien ze begréissen, wénke just mam Kapp, schwätzen awer näischt. Et ass ,mucksmäuschenstill' am Camion, et héiert een nëmmen dat monotoont Geratters vum Motor.

„Verdammt!" deet de Willi ënnerwee op eemol Kreesch. „Ich habe meine Uhr vergessen!!"

Den Zaldot kuckt béis op de Willi: „Im Krieg brauchen Sie keine Uhr!"

„Ja doch!", kontert de Willi. „Damit ich sehe, wann Feierabend ist!"

Mir mussen alleguer schmunzelen. „Ruhe nochmal! Das ist kein Ausflug!", jäizt den Zaldot.

Mir hunn direkt gemierkt, datt de Willi e lëschtege Brudder ass, an dat huet eis all gefall. Mee dës Fahrt ass eis alleguer net geheier. Dofir gëtt och kaum eppes geschwat. Jiddereen huet seng eege Gedanke gefouert.

De Willi freet eng Kéier ënerwee den Zaldot: „Entschuldigung! Können wir nicht einmal stehen bleiben, ich muss mal!" „Nein, wir fahren an einem Stück! Wenn Sie pinkeln müssen, dann nach hinten raus, während der Fahrt!" De Willi huet et dunn och esou gemaach ...

No laange Stonne si mir endlech am Ausbildungslager ukomm. Mir kucken eis déi Saach mol un a gesinn e risegt Lager, mat pickegem Drot a Wuechttierm ronderëm. Mir kucken een deen aneren un. Jidderee vun eis denkt datselwecht: A wou si mir dann hei higeroden?

Mir klammen aus dem Camion eraus an den Zaldot geet mat eis bis bei eng Brak wou mir musse virdru stoe bleiwen. Hie jäizt eis un a mengt, datt mir hei waarden a stramm do stoe bleiwe sollen. Den Zaldot klappt un d'Dier an et héiert een eng Stëmm vu bannen: „Herein!"

Den Zaldot geet eran, mécht d'Dier hanneru sech zou a mir héieren, wéi hien d'Talleken zesummeschléit a rifft: „Heil Hitler! Melde gehorsamst sechs neue Zugänge aus dem Gau Luxemburg!"

Mir bekucken eis een den aneren an ech ka mir et virstellen, wat s'all denken.

[…]

De Griss erzielt

GAST GROEBER

Wéi de Pol an den Tonio zréckkommen, huet de Griss sech schonns ugesat an en ass amgaangen, hiren zwee Kollege vu fréier z'erzielen. De Pol setzt fënnef Becheren op den Dësch a schëtt eraus. Dann dréckt e sech op d'Bänk nieft den Yves. Den Tonio setzt sech nieft d'Luss.

„Ah, Borschten, Merci! Da géing ech elo mol mat iech prosten!"

Alleguer hiewe se hir Becheren an d'Luucht. No där viller Aarbecht schmaacht dat spruddelegt Geséffs extra gutt.

„Tjo, ech war amgaangen, dem Yves an dem Luss z'erklären, datt d'Käerzeliicht heibanne mech dorun erënnert, wéi ech kleng war. Well dir musst wëssen, datt mer déi Zäit owes nëmmen d'Luucht vu Käerzen a vu Känkien haten. Am Summer war dat jo och weider kee Problem. Do si mer mat den Hénger schlofe gaangen, a moies, wann den Hunn gekréit huet, si mer opgestan. Mä am Wanter waren d'Owenter natierlech méi laang. Da souze mer dacks an der Kichen zesummen, meng Grousselteren, meng Elteren a meng Geséschter, an dann hate mer weider kee Liicht wéi dat vun de Käerzen an de Känkien. Wësst der, Kanner, dat ass eng Zäit, un déi ech mech eigentlech ganz gären zréckerënneren. Rondrëm d'Haus hat sech de Schnéi opgeképit, héich – heiansdo sinn ech bis un d'Hëften dran agaang –, dobanne war et da sou richteg gemitterlech, wann d'Feier an der Kachmaschinn gekréckelt a gepätscht huet. D'Bom hat e schéine Schaukelstull, do souz se dran ze strécken, ze heekelen oder d'Lächer an de wëllene Strëmp ze stëppelen. De Bop an de Papp hu kleng Bastlereie gemaach, klengt Geschir gebotzt a geschlaff, a wa mer der Mamm gehollef haten, d'Spull ze man, huet se nach den Owesdësch ofgewäscht. Duerno huet se sech bei eis gesat, an am Schäi vum Liicht krute mir Kanner dann eng Seechen oder eng Geschicht vun hir ze héieren. Wa se mat dem Erziele fäerdeg war, huet sech och de Rescht vun der Famill agemëscht, an da si Schnoken erzielt ginn, vun der leschter Summeraarbecht um Feld, vum leschten Traatsch am Duerf, vun den Neiegkeeten, déi aus der Stad koumen. Ech souz do, stellt iech vir, als klenge Spunt, Aen an Oueren opzeräissen, fir datt nëmme kee Wuert, kee Geste a keng Grimass aus deene Gespréicher mer sollt entgoen. Eng sëlleche Kéiere sinn d'Ae mer zougefall, an dann huet d'Mamm mech op der Kichebänk erwächt a mer gesot, et wier elo Zäit fir an d'Bett."

D'Luss probéiert sech auszemolen, wéi dat deemools soll gewiescht sinn. Et kroomt a sengem Kapp, fir sech u Biller aus sengem Zweet-Schouljoers-Buch z'erënneren. Do war sou eng al Foto gewiescht vun engem klenge Bouf mat engem Berri, enger kuerzer Box a Brëtellen. An de Griss war och sou ee gewiescht. Onvirstellbar!

Op eemol freet hatt: „Ma gouf et déi Zäit dann eigentlech nach keen Elektresch? Oder war Är Famill vläicht ze aarm?"

De Pol mengt: „Souvill ech weess, ass d'Elektrescht eréischt géint uechzénghonnert dorëmmer entdeckt ginn. An déi éischt elektresch Bir huet, nu waart emol – e gewëssen Här Edison – ech mengen, uech-zénghonnertnéngasiwwenzeg huet hien déi erfonnt."

De Griss kuckt de Pol un a wénkt mam Kapp: „Dat stëmmt, Pol. Honnertprozenteg! Du bass gutt informéiert! Nu muss de awer wëssen, datt eng Erfindung fréier net esou séier konnt ëm sech gräife wéi hautesdaags! Zemools wann et eppes war, wat der Welt hiert Gesiicht sollt änneren. Alles huet seng Zäit gebraucht, deemools. Noriichte sinn nëmme Schrëtt fir Schrëtt weiderkomm, vun enger Stad an déi aner an dann an dat nächst Land. D'Dierfer sinn dobäi natierlech meeschtens iwwergaange ginn. Dat war nach net wéi haut, wou mat Fax an E-Mail alles ruckzuck verbreet gëtt. Ah, do staunt der awer lo, gell, datt ech dat och alt kennen! Hm, mä awer och just vum Héieresoen! Nujee, weider! Da musst der jo och nach bedenken, datt et mat der elektrescher Bir aleng nach laang net gedoe war. Et huet jo och nach missen Elektrizitéit produzéiert ginn, et hu misse Leitunge geluecht ginn, well dat alles war jo nach guer net do. A wéi et dunn emol endlech sou wäit war, hunn nach e sëlleche Leit missen iwwerzeegt ginn, datt et sech wierklech géing rentéieren, d'Elektresch a säin Haus ze huelen, an datt et och ouni Gefoer wier."

De Griss schmunzelt elo a rëselt de Kapp: „Ooh, dir hätt meng Grousseltere missen héieren. ‚Däiwelswierk' war dat Geméch. Wéi mer an den drësseger Joren endlech emol Elektresch hei haten, hunn déi sech net getraut, de Luuchteschalter unzepaken. Si waren hiert ganzt Liewe gewinnt gewiescht, Luucht mat Feier ze man, a si hu gefaart, dee Knäppche kéint waarm si wéi e Fixspoun. Ho, eng Kéier ass eis eng Bir ewechgefuer. Et huet gepätscht a meng Bomi ass bal ënnert den Dësch gefall vu Schreck. Mir hunn dee ganzen Owend gebraucht, fir se ze berouegen!"

Dem Griss säin näischnotzegt Gekickels stécht d'Kanner un. Elo schëtt e jidderengem nach e bëssche Limonad aus, ier e weiderfiert: „Mä wësst der, ech laachen iwwert meng Grousselteren! A bei all deem weess ech, datt jidderee vun eis eng Kéier a sengem Liewen vum Laf vun der Zäit iwwerrannt gëtt. Ech ka mech erënneren, wéi ech gestaunt hunn, wéi ëmmer méi nei Maschinne fir eis Baueren erfonnt gi sinn. Maschinne fir Hee ze méien, fir d'Botten ze bannen, fir d'Kéi ze sträichen! An all Kéiers, wann ech an d'Stad gaange sinn, waren do erëm méi Autoen, nach méi schéiner an nach méi séierer. Wéi déi éischt Astronauten op de Mound geflu sinn, ass mir de Verstand bal stoe bliwwen. Ech war mol nach ni an engem Fliger gewiescht, an déi Däiwelskärele sinn Dausende vu Kilometeren bis op de Mound gereest. Mir hunn eis ëmmer gefrot ‚A wou hält dat do eng Kéier op?' Mä et hält ni op! [...]"

Reality Check
SANDRA SCHMIT

Hätt ech nëmmen net jo gesot, denkt d'Josie. E Bléck op d'Auer: scho bal hallwer 11. Hatt rennt iwwert d'Strooss. Brénge mer et hannert eis, déi aner waarde sécher schonn. Virum Café schalt et e Gank erof. Säin Häerz hummert wéi mëll an der Broscht an dat net nëmme vum Lafen. Wiem seng domm Iddi war dat iwwerhaapt mam Karaoke? Wahrscheinlech dem Pascale seng, an dat huet den Owend natierlech keng Zäit. Typesch. Feigling.

D'Josie erbléist sech een Ament. Dobanne geet et héich hier. Zwee Panzvolliste vergewaltege grad *The Final Countdown*. Besser wéi déi sangen ech op alle Fall, denkt hatt. Den Joey Tempest kréich gro Joer, wann en dat héiere géif. Obwuel, déi huet e mëttlerweil wahrscheinlech souwisou.

The Final Countdown war och am Josie seng méi enk Auswiel komm. Fir d'éischt wollt et sech virum Karaoke drécken. Mä nodeems de Patrick gesot huet, déi Lidder op der Lëscht krit souguer en Daf-stomme richteg hin, konnt et jo schlecht soen, et géing sech net trauen. Eng gestane Wëssenschaftlerin, déi schonn dräi Virträg virun Dosende vu Leit gehal huet (véier, wann een d'Mini-Ried am Blannenheem matrechent), wäert dach net ze schei sinn, fir e puer Strofe viru senge Frënn ze sangen.

D'Josie bäisst un der Lëps a lauschtert duerch d'Dier. *It's the Final Countdauuun!!!* Dat ass et effektiv, denkt et. Allez hëpp, an enger hall-wer Stonn hues d'et hannert der. Doheem ass et jo och gaang.

Hatt hat laang iwwerluecht, wat fir e Lidd et huele soll. Um Inter-netsite vum Café stoung eng Lëscht mat Hits, ënnert deenen ee wiele konnt. Vun Udo Jürgens bis Beyoncé war alles dobäi. D'Josie wollt e Lidd, dat als Karaoke-Versioun op YouTube steet, fir dass hatt übe konnt, an dat esou charmant a sexy kléngt, wéi hatt op de Patrick wierke wollt. Eemol muss deen Tréllert dach mierken, wat fir eng immens Schécks hatt ass. Mat deem richtege Song gëtt dat vläicht den Owend nach eppes mat him a mat dem flotte Patrick. Fir d'éischt wollt et eppes vun ABBA huelen. *Take a Chance on Me* zum Beispill. Dat ass liicht, wann ee sech net grad an de Sätz vertuddelt. An den Titel ass praktesch e Wénk mat der Scheierpaart, scho bal e bësschen ze vill offensichtlech. Mä deen Text! Sou eppes almoudesch-Sexistesches! Nee, dat kënnt net an d'Tut, ier hatt *If you change your mind, I'm the first in line* séngt, géing et de Patrick léiwer eegenhänneg mat enger Orang-Utan-Madamm verkoppelen. Net dass et eppes géint Orang-Utanen hätt. Dat si bestëmmt léif, intelligent Déieren. Déi géingen hire Schwarm sécher ni mat sou engem Schrott-Text wéi *Take a Chance on Me* uschmachten.

Dobanne fänkt dat nächst Lidd un. *Can you hear the drums, Fernando?* piipst eng douce Stëmmchen an de Mikro. Net, wa se sou lues si wéi s du, denkt d'Josie a grinst. Dat gëtt haut e schwedeschen Owend hei.

Nodeems ABBA aus dem Renne war, huet et *Never Gonna Give You Up* consideréiert. Deen Hit kann dach jiddereen am Schlof. Mä scho bei der éischter Strof huet et opginn. Dobäi huet et dat Lidd x-mol um Radio héieren. Deemools, an den Achzeger. Vläicht hu se ëmmer nëmmen de Refrain bruecht?

D'Josie dréckt d'Dier vum Café op. ABBA a Rick Astley si kale Kaffi géint dee Song, fir deen et sech schliisslech decidéiert huet. Hatt ass dropkomm, grad wéi et aschlofe wollt, an deem Döszoustand, wou een net méi ganz waakreg ass, awer och nach net richteg ageschlof. Do kommen engem dacks déi beschten Iddien. Wéi et sou schuckeleg a seng Decke gerullt louch, huet et op eemol eng Zeen vru sech gesinn: en däischtert Zëmmer mat faarwegen Discosluten, déi epileptesch ronderëm eng Grupp Teenager zucken. Matzendran e Jong an e Meedchen, déi fest widderenee gedréckt danzen. D'Meedchen huet e Walkman op a kritt näischt vum Kaméidi ronderëm mat. Seng Welt besteet just aus dem Jong, deen him déif an d'Ae kuckt, an der wonnerbarer Melodie a sengem Kapp. *I dream of loving in the night, and loving you seems right, perhaps that's my reality ...* Souuu romantesch. D'Josie ass wéi e Blëtz aus dem Bett gesprong an huet de Computer ugemaach. Wéi heescht dat Lidd scho méi? *Dreams*? A wien huet et gesong? Komesch, dass een dat bei ville bekannte Lidder guer net weess. Mä fir sou Fäll gëtt et jo d'Internet. Hatt ass vun engem Fouss op deen anere gehopst, fir d'Zéiwen net ze laang op den äiskale Plättercher ze hunn, huet „Dreams Boum Sophie Marceau" agetippt an Enter gedréckt. Richard Sanderson? Ni héieren. Egal, e konnt op alle Fall sangen. Google huet hatt informéiert, dass d'Lidd *Reality* heescht, a genee dat wäert hatt lo den Owend sangen.

D'Josie sicht seng Kollegen. De Café ass struppevoll. D'Meedchen um Micro piipst nach ëmmer tounlos vru sech hin: *If I had to do the same again, I would my friend, Fernando.* Iergendwéi kléngt et net ganz éierlech.

„Josie!" De Marco steet um Stull a fuchtelt mat den Äerm. Ah, do si se jo. Hatt ielebout sech duerch d'Gewulls. De Marco spréngt vum Stull an ëmäerbelt et. „Salut, Klengt. Mir hu scho gefaart, du géings et net mat Zäit packen." „Klengt" ass gutt – soss war de Marco alt en Zentimeter méi grouss wéi d'Josie, mä säit e seng Fliichte virun engem Joer radikal ewech raséiert huet, si se praktesch d'selwecht héich. Oder niddreg, wéi een et hëlt.

„Hey." Hatt gëtt him dräi Kussen op de Bak a profitéiert vum Begréissungsritual, fir dem Patrick och e Schmatzi opzedrécken.

Dee kuckt gelatzt iwwert säi Béier. „D'Moss do vir quaakt wéi e geschluechten Hunn." „Ma da kréine mir herno wéi en doudege Fräsch, dat gläicht sech dann aus", kontert de Marco. Hie knufft d'Josie frëndschaftlech an d'Säit. „Déi d'Jackett aus, nom nächste Lidd bass du drun."

Dem Josie rutscht d'Häerz an d'Box. „Schonn?"

„De Patrick war als éischten hei an huet eis all ugemellt. D'Lëscht war séier voll." De Marco laacht. „Du hues meng Darbietung virdru verpasst. War witzeg."

„Dat deet mer Leed." Hatt hänkt seng Jackett iwwert de Stull. „A wéini séngs du?", freet et de Patrick.

„Guer net." Hien hëlt eng Schlupp Béier. „Ech hu sou eng domm Sinusite, kréie bal keen Toun eraus."

Firwat net direkt d'Schwéngsgripp, denkt hatt. Mä déi aner umellen, déi hu mer gär. Wann ech dann elo och eng „Sinusite" hätt. Egal:

Hatt huet déi läscht Deeg bis zum Vergase geüübt, do kann einfach näischt méi schifgoen.

Mä wéi sou dacks ass de Mr. Murphy do anerer Meenung. E blond Meedche mat engem Wutz klëmmt op d'Bühn. Aus de Lautsprecher klimperen douce Pianostéin. D'Schécks wippt am Takt mat a séngt: *Met you by surprise, didn't realize …* D'Josie kritt bal e Schlag: Dat ass säi Lidd! A vill besser wéi hatt dat jeemools kéint!

De Marco zitt et mam Aarm no vir. „Du muss hinnen nach soen, wat fir ee Lidd s de wëlls."

Guer keent! Hatt panikéiert. „Ech, ech weess net", tuddelt et, doudonglécklech.

Hie kuckt hatt besuergt un. „Hues de Bammel? Du muss net sangen, wann s de net wëlls. Hei gëtt kee gezwong. A wann ee mengt, e misst eng domm Bemierkung maachen, soll e sech mol fir d'éischt selwer hannert de Mikro stellen."

De Marco ass dach e fáine Kärel. „Du gleefs mer dat lo vläicht net, mä ech wollt grad dat do Lidd sangen", erkläert hatt enttäuscht a weist mam Kapp op d'Bühn.

De Marco iwwerleet. „A sou séier fält der keen anert an?" Hatt rëselt de Kapp. „Mä du wëlls awer sangen?" Hatt iwwerleet kuerz a wénkt mat engem pisseregen, ma decidéierte Gesiicht jo.

„Waart hei." Hien dréckt sech bei de VeeJay duerch. D'Josie steet wéi op Kuelen. Déi lescht Takter vu *Reality* spillen, an d'Leit am Café klappe begeeschtert. D'Sängerin gëtt vu Freed knallrout.

„Komm mir sinn drun." De Marco zitt hatt bei de Mikro.

Mir? D'Josie huet mol keng Zäit ze fäerten. Eng Gittar quiitscht aus dem Lautsprecher. *Another red letter day …* séngt de Marco a strahlt hatt un. O Hëllef, kennen ech dat Lidd iwwerhaapt?, denkt hatt, mä do ass hie scho bal duerch déi ganz éischt Strof.

It's not easy, love … séngt en, wéi fir hatt eleng. Endlech erkennt et d'Lidd. *But you got friends you can trust*, séngt et erliichtert mat. Dat kléngt jo richteg gutt, zu zwee. Hatt laacht de Marco un. Deen dréckt him en A zou, a si sange weider. *Friends will be friends …*

Wie wëllt en Handy?
JOSIANE KARTHEISER

Si hu sech beim Mike getraff, fir den éischte Bilan ze zéien. De Mike hat eng flott Bud, zimlech grouss, mat engem eegene Buedzëmmer an Toilette a mat allen elektronesche Gadgeten, déi Jugendlecher an hirem Alter sech nëmme wënsche konnten. Iwwerhaapt koume s'alle fënnef aus gutt situéierte Familljen, d'Mamm an de Papp Carrièresmënschen, zwee Autoen, en Akommes vu ronn 7.500 de Mount. An zanter véierzéng Deeg waren och si am Geschäft.

„Wéivill Handyen hu mer dann?", huet de Luca gefrot.

„Uechtzéng", sot de Mike. „An zéng Poschen."

De Steve, dee schonn amgaang war, an där éischter Posch ze wullen, huet misse grinsen: dee Schreck vun de Bomen, wéi se hinnen d'Posch vun der Schëller gerappt hunn. Einfach genial!

„Kuckt fir d'éischt, ob der keng Adressen an de Posche fannt", sot de Mike, sechs Méint méi al wéi déi aner an domat de Chef. An zwou dovun hu s'effektiv där klenger Visitëkaarte fonnt.

„Okay", sot de Mike. „Gitt mer d'Adressen an d'Schlësselen, doraus léisst sech eppes maachen."

De Raoul huet grouss gekuckt.

„Mäi Brudder huet do Relatiounen", huet de Mike gemengt.

„Hie kennt zwee Typen, déi ganz staark un esou Saachen intresséiert sinn. Mä et muss séier goen, soss sinn d'Schlässer ausgewisselt."

Déi aner ware schockéiert.

„Mä dat ass dach kriminell", sot de Luca.

„Dat, wat mir maachen och", sot de Mike. „Och wann äis näischt geschéie kann, well mer nach mannerjäreg sinn."

„Jo, mä ... dat ass awer net datselwecht", huet de Pol gemault.

„Ou", sot de Mike, „an dat mam Messer?"

Effektiv hate s'e puer Mol deenen zwielef-dräizéng Joer ale Bouwe mat engem Messer gedreet, wéi se hinnen den Handy ofgeholl hunn. Just fir hir Angscht ze gesinn a sech herno vreckt driwwer ze laachen.

De Mike huet also déi zwee Schlëssele mat den Adresse kritt, déi aner Schlëssele sinn op de Koup geluecht ginn, fir herno vum Luca entsuergt ze ginn. Dat war deem seng Charge, hie sollt d'Schlësselen an d'Posche verschwannen doen. De Steve huet sech missen ëm d'Béierfläsche bekëmmeren, well bei esou engem wichtege Businessmeeting konnte se jo wuel keng Cola drénken, mä dem Mike seng Elteren hunn d'Béierfläschen net däerfe fannen. Iwwerhaapt hunn déi fënnef sech beméit, doheem net méi lëmmelzeg ze sinn, wéi dat vun hinnen erwaart gouf. Hir Eltere sollte si roueg weider fir relativ serieux halen an net op d'Iddi kommen, se méi genee ze kontrolléieren.

„Bon", sot de Steve, „a wat maache mer dann elo mat den Handyen?"

„Ma mer verkafe se", huet de Raoul gemengt.

„A wiem dann?", huet de Pol gefrot. „Et huet dach jiddereen een."

Dorun hat natierlech kee geduecht, wéi se mat hirer Entreprise ugefaangen hunn.

„Deene Klengen aus der Primärschoul", sot de Mike.

„Déi eng hu schonn een", sot de Steve, „an déi aner hu keng Suen."

„Gewass", huet de Mike geäntwert. „Déi schwammen dach am Täschegeld."

„Jo", sot de Steve, „vläicht geet et jo duer, fir een ze kafen, awer net fir de Rescht. A wéi solle se hiren Elteren erklären, datt s'op eemol en Handy hunn? Ee vun deene klengen Haulie géif ganz sécher de Bak opdoen. An dann ...?"

Doropshin hu s'e Schotz missen huelen.

„Jo, a wat maache mer dann elo? Elo hu mer Wuer a keng Clienten", huet de Raoul gemengt. „Et geet jo awer drëm, fir Fric ze maachen."

De Pol huet d'Stir a Fale geluecht: „So, an déi Typen, déi däi Brudder ...?"

„Vergiess et", sot de Mike. „Déi hunn eng ganz Këscht voll. A souwisou kënne se bei hirer Aarbecht kee gebrauchen. Stell der mol vir, du bass amgaang, d'Bijouen auszeraumen, iwwerdeems déi zwee Aler do leien ze ronken, an op eemol spillt däin Handy: Come sing a song of joy ...“

Si hu gegrinst a fënnef Minutte laang intensiv nogeduecht, mä et ass näischt dobäi erauskomm.

Just de Steve hat op eemol eng Iddi: „A wa mer da Robin Hood spille géifen?“

Déi aner ware paff.

„Am Fong hu mer jo alleguerten Täschegeld genuch“, sot hien. „Dofir kënne mer jo deenen anere Leit, deenen, déi tatsächlech nach keen Handy hunn, einfach ee schenken.“

De Mond ass hinnen opstoe bliwwen.

„A wéi stells de der dat da vir?“, huet de Mike gefrot.

„Mir setzen äis einfach anzwousch hin a froen déi Leit, déi laanscht kommen, ob s'en Handy hunn, a wann net, da schenke mer hinnen een. Als e gesellschaftlecht Experiment souzesoen. Et wier dach interessant ze gesinn, wéi se reagéieren.“

„Ma sécher,“ sot de Mike, „solle mer net direkt d'Televisioun bestellen!?“

Wéi op Kommando hu s'all nach eng Kéier d'Fläsch ugesat. Wéi se zwou Stonne méi spéit fäerdeg ware mat hirer Reunioun, hate s'e bëssen eng iwwert den Duuscht gedronk a si sech wéi sozial Helde virkomm.

Dem Mike seng Eltere waren entsat, wéi zwéin Deeg drop d'Police vrun der Dier stoung.

„Wat?“, sot dem Mike säi Papp. „Dir hutt eise Mike verhaft, well en ze mëtschgieweg war? Dat gëtt et dach net! Esou hu mer en awer net gezillt ...“

D'Schnurreli
JOSY BRAUN

D'Schnurreli? Dat ass e pechschwaarzt Kazemeedchen. Just seng Pättercher si schnéiwäiss, an d'Rosa seet ëmmer: „Eist Schnurreli huet wäiss Stiwwelen un."

Wéi al d'Schnurreli ass, dat weess d'Rosa net genee, well wéi hatt an seng Mamm d'Schnurreli an den Déierenasyl siche waren, dunn hunn se do gesot, 't hätt ongeféier ee Joer. Ongeféier, well d'Schnurreli war eng vun deenen dräi butzege Miissercher, déi an enger Kartongskëscht heemlech beim Déierenasyl ofgestallt gi waren: vu Leit, déi d'Kätzercher net wollten, déi se ganz einfach wollte lassginn. D'Rosa hätt jo gären och déi zwou aner Kätzercher mat heemgeholl, mä d'Mamm hat gemengt, eng Kaz am Haus géing déck duer.

D'Schnurreli ass also beim Rosa doheem. Dat ass vill méi flott wéi an deem enken Déierenasyl, wou honnert Kaze miauen an honnert Hënn billen, fir do rauszekommen: fir léif Mënschen ze fannen, déi ee mat heemhuelen an e schéint grousst Haus mat engem schéine grousse Gaart derbäi.

D'Rosa huet dräizéng Joer a geet an de Lycée. Wann hatt doheem op sengem Zëmmer ze schreiwen an ze léiere sëtzt, da spréngt d'Schnurreli him flang op de Schreifdësch a wëllt sech ëmmer matzen op dem Rosa säi Buch oder säin Heft setzen oder leeën an da schnurren an duerno schlofen. Da muss d'Rosa d'Schnurreli ëmmer duuss op d'Säit réckelen, well hatt jo soss net schreiwen oder liese kann. Mä wann d'Schnurreli mol eng Kéier net do ass, da feelt dem Rosa eppes, da geet et dorëmmer sichen, bis et d'Schnurrelli fënnt, fir et um Aarm mat rop op de Schreifdësch ze huelen.

't wier also alles an der Rei gewiescht, wann de Papp net virun e puer Deeg beim Nuechtiesse gefrot hätt: „Trina, wat maache mer da mat der Kaz, wa mer op Palma fléien?"

„Trina", sou heescht dem Rosa seng Mamm, an déi huet fir d'éischt mol haart gelaacht. „Valentin, mir fléien net op Palma, mä op Las Palmas. Dat ass op Gran Canaria an net op Mallorca, a Gran Canaria gehéiert zu de Kanareschen Inselen am Atlantik bei Afrika an net zu de Balearen am Mëttelmier. Gehei dach net ëmmer alles sou duercherneen!"

„Dat ass mir dach egal", huet de Pappa Valentin geknoutert, „so mir just, wat mer da mat der Kaz maachen. Un eis Vakanz hat dir zwee natierlech net geduecht, wéi der gemengt hutt, dir misst onbedéngt eng Kaz am Haus hunn."

„Da's zwar wouer", sot d'Mamm nodenklech an huet op d'Rosa gekuckt. Dat souz do, mucksmaischestëll, well 't huet kee Wuert erauskritt, sou erféiert war et.

„Da musse mer d'Schnurreli fir déi véierzéng Deeg eben an den Déierenasyl féieren", sot d'Mamm a war lo net méi sou kéng, fir d'Rosa ze bekucken.

„Op kee Fall!", sot dat ganz haart an ass opgesprongen. „Da fuert der awer leng an d'Vakanz, well da bleiwen ech heiheem beim Schnurreli."

„Dat kënnt guer net a Fro", hunn d'Mamm an de Papp matenee geruff, an de Papp sot zum Rosa, 't wier dach nëmmen, fir him eng Freed ze maachen, datt se dëst Joer géifen op La Palma fléien.

„Las Palmas!", huet d'Mamm hien nees verbessert; „Las Palmas op Grand Canaria! Net La Palma! Dat ass eng aner Kanaresch Insel, déi ass vill méi kleng wéi Gran Canaria. Verhäls de dat dann ni?"

„Kenne mer d'Schnurreli dann net einfach mathuelen?", frot d'Rosa. „Op de Kanareschen Insele ginn et ganz vill Kazen, dat huet d'Marianne mer verzielt, well déi waren zejoert op Lanzarote an hunn do all Dag zwanzeg Kaze gefiddert."

„Vill ze vill komplizéiert", huet de Papp nees gegrommelt, „da muss d'Kaz extra geimpft ginn, da brauche mer en extra Kazepass, da musse mer am Fliger extra bezuelen, a mer wësse mol net, ob mer d'Kaz iwwerhaapt an den Hotel däerfe mathuelen. Schlo der dat aus dem Kapp, Rosa!"

„Da komm mer bleiwen hei", sot d'Rosa, „ouni d'Schnurreli mécht d'Vakanz mir iwwerhaapt kee Spaass."

„Ech bleiwen awer net hei wéinst enger dommer Kaz", sot de Papp granzeg. „Ech brauch eng Vakanz, an deng Mamm brauch och eng. A mir fueren an d'Vakanz, ob et dir passt oder net. Da musse mer eben eng aner Léisung fanne wéi d'Déierenasyl."

„A wat fir eng dann?", wollt d'Mamm wëssen, mä de Papp huet just geäntwert, hie géif sech schonn eppes afale loossen. D'Rosa huet sech op der Terrasse d'Schnurreli gefaangen an ass mat him um Aarm rop op säin Zëmmer gaangen.

De Papp huet sech och gehuewen a sot: „Da maache mer wéi déi aner Leit."

„Valentin!", huet d'Mamm erféiert gejaut, „dat kanns de dem Schnurreli net undoen!"

„Alles är Schold!", sot de Papp an der Dier. „'t ass dach nëmmen eng Kaz!" Hien huet d'Dier geknuppt an ass schlofe gaangen. Dat mécht en ëmmer sou, wann him eppes net geet.

Et ass nach däischter, wéi se mam Auto op de Findel fueren, well de Fliger flitt scho ganz fréi op Las Palmas. De Kazekuerf mam Schnurreli steet nieft dem Rosa um hënneschte Sëtz, d'Mamm sëtzt vir beim Papp. Matzen an deem groussen, däischtere Gréngewald hält de Papp op eemol stall, geet ronderëm den Auto bei déi riets hënnescht Dier, rappt d'Dier op, räisst de Kuerf mam Schnurreli raus, a schonns ass hie mam Kuerf tëschent de Beem verschwonnen.

D'Rosa jäizt, d'Mamm kräischt och a mengt awer, dat wier déi eenzeg Méiglechkeet gewiescht, fir kënnen an d'Vakanz ze fueren. Am Gréngewald géif d'Schnurreli genuch ze friesse fannen, a vläicht géife jo och léif Leit hatt mat heemhuelen.

D'Rosa äntwert net, mécht seng hënnescht Autosdier op, klëmmt vir hanner d'Steierrad, an ier d'Mamm versteet, wat lass ass, gëtt d'Rosa Gas a rennt mam Auto mat honnert duerch de Gréngewald. D'Mamm jäizt ëmmer méi haart, mä d'Rosa fiert ëmmer méi séier an ass scho laang laanscht de Findel.

„Wat méchs de dann?!", jäizt d'Mamm. „Du kanns dach guer net fueren! Du kanns de Papp dach net am däischtere Bësch loossen!"

„Kann ech alles!", laacht d'Rosa rosen. „Dat gesäis de dach! Wat de Papp mam Schnurreli kann, dat kann ech och mat him. Huel däin

Handy a so zu him, ech géif réischt ëmdréinen, wann d'Schnurreli dierft matfléien. Hien huet jo och en Handy."

E puer Minutten duerno: De Papp steet mam Kazekuerf op därselwechter Plaz, wou d'Rosa mam Auto geflitzt war. Hie stellt de Kazekuerf nees rosen op den hënneschte Sëtz, mä d'Rosa klëmmt nach net hannerem Steierrad raus.

„Dajee. Rosa, raus do! Du hues kee Führerschäin! Mir fuere lo séier an den Déierenasyl, a wa mer duerno de Fliger verpassen, dann ass et deng Schold."

„Wuer fuere mir?", jäizt d'Rosa an dréckt nees op de Gas a léisst de Papp eng zweete Kéier stoen, awer déi Kéier huet hatt d'Schnurreli am Auto. D'Mamm gëtt net fäerdeg mat Jäizen a muss schonn eng vun deene Pëllen huelen, déi se réischt am Fliger wollt huelen.

Dem Rosa kommen och d'Tréinen, mä bei him ass et vu Roserei a ganz rose seet et zu senger Mamm: „De Papp fënnt bestëmmt léif Leit, déi him eppes z'iesse ginn an souguer vläicht mat heemhuelen."

Am däischtere Bësch héiert de Papp op eemol Musek an och eng Stëmm wéi déi vun der Fra am Radio, an déi Fra séngt: „Ass Är Kaz och léif a kleng, an d'Vakanz fuert léiwer leng."

Wat ass dat do? Dat ass dach d'Stëmm vu senger eegener Fra, vum Trina! An d'Trina ass guer net um Radio, mä op der Televisioun, an d'Trina séngt riicht virun: „Fuert Dir op Palma fréi a frësch, da féiert d'Kaz d'éischt an de Bësch." An lo gesäit hien eng Kaz op der Tëlee, 't ass d'Schnurreli, an dat gëtt ëmmer méi grouss, an seng gréng Ae fonkelen ëmmer méi wëll, a lo spréngt et aus der Televisioun raus, dem Papp flang an d'Gesiicht ...

De Papp knipst d'Luucht un. Hien ass schweessnaass op der Stir. Seng Fra schléift nieft him am Bett. Hie steet op a geet op Zéiwespëtzen aus beim Rosa seng Kummerdier. Hie mécht se lues op. D'Gankeluucht ass hell genuch, an de Papp gesäit, datt d'Rosa fest schléift, mam Schnurreli am Aarm.

Hien zitt d'Dier lues zou a leet sech nees grad sou lues an d'Bett, mä dem Rosa seng Mamm ass hell waakreg. „Ass eppes Valentin?", freet se. „Du hues sou gelunge gemaach am Schlof."

„'t ass näischt", seet hien, „ech hu just elle gedreemt."

poker
NICO HELMINGER

da gesinn ech d'karin erëm. beim netti mam marc a sengem gauner-
grinsen, wéi der däiwel kënnt heen un d'karin?

– zwee martini dry!

d'karin mat sengem mierbloe bléck. an de marc matrous aus engem
vum netti senge bëllege romaner. a muschelen a séistäre kreesen ëm d'käpp.
lo däerfs de der eppes wënschen! a wann ech mer d'karin géif wënschen?!

– wat sees de zu him?, freet de marc mat genoss.

– meng entdeckung, soen ech.

– mäi léiwe columbus, seet de marc, dës kéier waars de ze spéit.

ech drénken en humpen a ruffen dem claudine un.

beim claudine doheem sëtzen ech a gedanke beim dësch a loosse mer
e stéck kuch vu senger mamm zerwéieren. beim claudine doheem kuckt
seng mamm mer op d'fangeren, wann ech mat der klenger forschett e
stéckelche vu mengem kuch erofbriechen. beim claudine doheem halen
ech net op, un d'karin ze denken.

– zu eiser zäit ..., seet seng mamm a kuckt mer ëmmer nach op
d'fangeren.

jo, zu hirer zäit war e jong, deen sou an d'haus koum, scho bal en
eedem. also schläicht si ëm mech rëm a versicht erauszefannen, wat
de méiglechen eedem dann sou ze bidden huet. an d'claudine seet:
ma, mamm ...! a si seet: zu eiser zäit ... a rechent sech am kapp sou
allerhand aus an zesummen, wann ech mam claudine schonn net méi
sou richteg eens ginn, well mer eis mëttlerweil gutt genuch kennen, fir
ze wëssen, datt mer eis ni richteg wäerte kenneléieren, well d'kribbele
vum ufank fort ass, well dat familljegedeessems mer op d'schlappe geet
oder einfach well ech d'karin rëmgesinn hunn.

– a wat war dat mam lucie?, freet d'claudine, dat nach näischt vum
karin weess.

– näischt, soen ech.

– with lucy in the sky!, sot de georges.

hat heen iwwerriet, mech dorobber ze féieren, op iechternach.

– s'envoyer en l'air!

fir dem lucie säi gebuertsdag, wousst ech vum marc. hat d'lucie bei engem vun de concerten ugequatscht. am stater theater. si mam bus an d'stad kutschéiert ginn, fir beethoven ze lauschteren a gongen een huelen. heiansdo. heiansdo gonge mer och d'musek lauschteren. wéinst dem lucie zum beispill.

– lucie, sot de georges, dat kléngt iergendwéi almoudesch.

– zu iechternach si s'ëmmer e bëssen hannendran, sot den néckel.

– wéi mengs de dat?, frot de marc.

– fro deng kusinn, sot de georges.

– a wierklechkeet heescht et lucette, sot de marc.

– dat ass jo nach méi schlëmm, sot de georges.

– den numm ass him egal, sot den néckel an huet op mech gewisen.

– richteg, sot ech.

hunn dem lucie e puer ouerréng kaaft. net beim monni dan natier-lech. e puer där indescher wéi s'am moud waren a wéi se bei seng donkel haut gutt gepasst hunn.

– eppes orientalesches huet et u sech, sot de georges, dat ass wouer.

– schéin, datt der kommt, sot d'lucie.

hatt huet sech an engem café säin täschegeld verdingt. a schwaarz mat klengem wäisse schiertech.

– meng mod.

mer souzen op der terrass an hunn eis vun him zerwéiere gelooss.

– d'éischt eppes géint den duuscht, sot de georges, duerno gesi mer weider.

– wéi laang schaffs de haut?, frot ech.

– haut glécklecherweis nëmme bis sechs, sot hatt.

– dat ass schéin ze héieren, sot ech, ech géif der nämlech lo eng propos maachen.

– wann et fir den owend ass, sot d'lucie, dann deet et mer leed. ech hu schonn eppes.

– dat heescht?

hatt huet net geäntwert, just geschmunzelt huet et an d'aen eng
kéier verdréint.

– da sinn ech ze spéit?, frot ech.

– wéi soll ech dat lo verstoen?, sot hatt dunn zimlech eescht.

– ech gratuléieren der awer, sot ech an hunn him de päckelche
mat den ouerréng gereecht. hatt war paff. wousst näischt ze soen. och
wéi dunn de georges séier opgesprong ass fir ze gratuléieren, blouf et
iergendwéi verstengert.

– kann ee mer soen, wat dat ze bedeiten huet?, frot hat.

– vill gléck fir däi gebuertsdag, sot ech.

du krut hatt e fierchterleche laachkrämpchen, an ech hunn dunn
endlech verstan, datt deen houre marc eis ugeschass hat. 't war net säi
gebuertsdag. an och net säin namensdag, an iwwerhaapt souze mer
komplett feel op der plaz do. ech hunn trotzdem nach eemol nogefrot,
wéi dat mat owes wär. hatt sot, et géif baby-sitting maachen, wat ech
em net gegleeft hunn. de päckelchen hat et iwwerhaapt net wëllen
opmaachen. réischt, wéi ech em genuch gefléift hat, gong et drun.

– ech mengen, si hunn him gefall, sot de georges duerno.

– jo, sot ech.

– awer ech mengen och, datt et e bësse komplizéiert ass.

– jo, sot ech an hunn iwwerluecht, wéi ech dem marc eng kéint
auswëschen.

deen houre marc hat eis net nëmmen eng opgekraacht, mee en hat
och dem claudine verzielt, ech wär op iechternach d'lucie dragéiere
gewiescht.

– ech war mam georges een huelen, sot ech.

– dofir brauch een net bis op iechternach ze fueren!, sot d'claudine.

dat huet ageliicht. ech sot trotzdem ganz labber:

– firwat net?

du hu seng aen naass geglënnert. wann et rose war, hu seng ae be-
sonnesch geglënnert. a seng nuesflilleken hu geziddert.

– du bass e ligner!, sot et zu mer.

– féier keng op!, sot ech.

hatt hat sech geännert. vläicht war et och nëmme méi king ginn an
huet haart gesot, wat et soss nëmme geduecht huet. ech hu verstan,

firwat de marc heiansdo konnt schwäiwëll iwwert et sinn. hatt hat e grousst talent ze provozéieren. domat konnt et ee kréien. et wousst, wéi et op d'tippe gewierkt huet, wéi séier et ee konnt jalous maachen.

– eng zatz vun engem carmencita!, hat mer de marc gesot.

de bléck vun enger zigeinerin hat et. dat huet eis jo och gefall. awer de charakter, deen dermat gong eppes manner. dat heescht, am ufank gong et ganz gutt mat eis. an et gong souguer zimlech laang gutt. bis et dunn ugefaang huet, sech méi a méi opzeféieren. eng kéier hat et beim netti engem flick säi revolver geklaut. wuel war et d'fuesend an alles eng grëtz méi labber, awer op deem punkt hu si net mat sech spaasse gelooss. hatt souz um hocker mam klabes ze spillen a sot:

– komm sich der en!

– fissi, so zu dengem ketti, et soll mer en direkt erëmginn, sot de flick, soss kréie mer buttek!

de flick hat konfetti op der kap an op de schëlleren an huet onduge mam aarm gewéitscht, béis an droleg wéi e kasperleksflick.

– éischtens sinn ech net däi fissi, sot ech zum flick, an zweetens heescht hatt net ketti!

– mär ass et egal, wéi et heescht, sot de flick, ech hätt dee gären direkt rëm an hunn net déi geringste loscht ze spaassen. a wann s de domm gëss, jong, da si mer geschwënn um kommissariat!

– jongen, net iwwerdreiwen!, sot de paulo.

d'claudine, dat méi wéi beschwipst war – gewéinlech huet et keen alkohol gedronk –, huet wéi verréckt gekickelt a sech iwwert sech selwer gefreet. huet de revolver an d'lut gehal, wéi wann et wëlles hätt, gläich an de plafong ze balleren.

– hei, do ass jo d'calamity jane, huet de bertrand ënnert senger parréck aus fuesbännercher erausgebirelt.

– maach eppes!, sot dunn och d'netti zu mer.

datt s'all op eemol sou op mer rëmgehackt hunn, huet mer guer net gefall. ech sinn op d'claudine duergaang, an du huet hatt einfach de revolver op mech geriicht, ouni ze zécke mär de laf entgéint gestreckt.

– bass de geckeg?!, sot ech a krut et tatsächlech ee moment mat der angscht ze dinn. niewent mer huet de flick an opreegung gelauert, wéi wann en asaz géint terroristen géif ustoen. et war op eemol ongemälleg roueg ëm mech. souguer de bertrand huet de bak gehal. net auszeschléissen, datt deen een oder anere sech gewënscht huet, hatt géif mär ganz op eemol eng kugel an d'panz schéissen. dat wär mol eppes anescht am duerf! de schwachtgen huet ganz opgereegt u sengem cointreau geknat an dem bakentunn ass de lastik vu sengem fueshittchen futti gefuer.

– komm, sot ech ganz roueg zum claudine, mer kréie buttek!

do huet hatt, well säi geste him selwer wuel op eemol onheemlech war, haart gelaacht a mer de revolver dohi gehäit.

– has de gefaart?, sot et mat uerg zefriddenem blënzelen am a.

ech hunn hatt mam handgelenk geholl an eng kéier geréselt. wéi ech dem flick de revolver zeréckginn hunn, sot et vun uewen erof:

– du follegs hinnen nawell gutt!

– dat war fir d'lescht, sot de flick zimlech arrogant, wéi e säi klabes rëm hat an huet gehässeg op mech gekuckt. en huet de revolver agestach an duerno sech de konfetti vun den epauletten geklappt.

– heen ass jalous!, sot d'claudine du ganz haart an huet rëm gelaacht.

– geschwë raume mer hei op, sot dunn den anere flick.

– jongen, sot de paulo, wa mer hei weider wëlle gutt fueren, da musst der är dickelcher e bëssen an der gitt halen!

eng aner kéier hat et engem tipp säi béier iwwert de kapp geschott. an ech hu missen d'pan klaken. den tippchen hat ugesat, dem claudine eng op de bak ze ginn, huet sech dunn awer zeréckgehal an zu mär gesot:

– wann s du et net fäerdeg bréngs, dengem dickelche manéiere bäizebréngen, da bréngen ech där der lo mol bäi!

– net schonn rëm!, duecht ech, hu mer den tippchen ugekuckt. éischter zolitt, glécklecherweis hat e schonn eng rei humpen eran a war e bësse lues.

– gi mer virun d'dier?!

wéi mer raus gongen, huet de georges dem tippchen mol gläich de fouss gesat, sou datt en déi zwee träppleken erofgebonzelt ass an um trëttoir leie blouf. du hunn ech gemierkt, datt e méi voll war, wéi ech geduecht hat.

– mengs de net, sot ech, et wär gutt gewiescht, datt mäin dickelchen der den humpen iwwert d'panz geschott huet. soss häss de deen och nach missen drénken!

– du feig sau!, sot heen, well e gemengt huet, ech hätt him de
fouss gesat. heen ass opgestan a koum op mech duergerannt wéi en
hallef mierwe stéier. ech hu mech gezunn, mee heen huet et awer
nach fäerdeg bruecht, mech un d'schleideren ze bréngen. ech wousst,
wann e mech géif richteg geroden, da géif ech vläicht net méi sou
séier opstoen. heen huet blannemännches dragefacht an e puermol
gehéiereg an d'loft geboxt. ech hunn em eng mat der fauscht an de mo
gerannt, datt e sech gekrëmmt huet. am selwechten ament hunn ech
seng moul op menger nues gespuert. eng péng bis an d'aen. de paulo
huet eis auserneegeholl. ech hat mäi ganzt hiem voller blutt. deen
aneren stung do ze gierksen an an de kullang ze katzen. d'claudine
huet mer mat vill léift en nuesschnappech un d'nues gedréckt. an
duerno e kuss op d'lëpsen ...

– muss dat da sinn?, sot de paulo.

– där sidd richteg hunnen!, sot d'netti.

– salut!, sot d'karin.

also de marc eng grimmel rose maachen!

wéi wär et mat engem klengen operette-szenario?!

dee friemen, deen d'karin ofgeschleeft hat um danielle senger party
a mat deem et déi ganz zäit iwwer gaang ass, heescht guy neiens, nice
guy genannt. ech setzen d'cathy op heen un; hatt seet zum guy, d'karin
géif hee gär rëmgesinn, wat dem guy allem uschäin no spuenesch vir-
kënnt, wougéint en awer näischt huet. da seet d'cathy zum karin, de
guy wéilt hatt onbedingt rëmgesinn, wat dem karin grad sou spue-
nesch virkënnt, wougéint et awer och näischt huet.

– da kënne mer eis vläicht ausschwätzen, sot et, seet d'cathy.

– du kriss e kuss, soen ech zum cathy.

rendez-vous ass samschdes nomëttes um fënnef beim rippinger,
wouvun de marc natierlech näischt däerf gewuer ginn. also tréppelen
ech samschdes nomëttes géint fënnef mam marc, deem ech ugedeit
hunn, d'karin hätt nach ëmmer eppes mam nice guy, zoufälleg a rich-
tung rippinger an, wou mer schonn an der géigend sinn, och an d'lokal
eran. 't ass zing op fënnef, an d'karin, dat dem marc gesot hat, et hätt
vill an der physik nozehuelen, sëtzt gemittlech do mam nice guy ze
diskutéieren.

– merde, seet de marc.

zefridde kucken ech mer seng rosen a verbruete schëpp un. d'karin ass rout am gesiicht an tuddelt:

– marc, ech kann der dat erklären!

hee weist him de biischtfanger a mer gi gemittlech eiser wee, dat heescht, gemittlech ginn ech, heen éischter wéi e rosene béischt.

owes, wa si eleng sinn, schléit heen hatt dann op d'schnëss. eng grouss léift gehéiert mat gehéireger jalousie gefiddert.

– dat loossen ech mer awer net gefalen, seet d'karin.

– dat war awer séier eriwwer!, soen ech zum marc.

– tu fous la merde partout!, seet de marc zu mär, wann hee besonnesch rosen ass, schwätzt hee franséisch. fir seng roserei besser an der gitt ze halen, seet en.

– ween huet hatt op d'schnëss gefacht?, soen ech.

– an du wëlls mäi copain sinn!, seet de marc.

– huel dat net esou, soen ech, eng schécks ass eng schécks.

– mam claudine war et schonn sou, sot heen.

– du wäerts eppes falsch maachen, soen ech.

– aaschlach, seet heen.

– wéi wär et, wa mir géingen erwuesse ginn?!, soen ech.

Superjhemp: Bëssegt blot Blutt

LUCIEN CZUGA & ROGER LEINER

MËTT 2012 : ZU LUXUSBUERG SINN D'LEIT AUS DEM HAISCHEN....

ALL D'STROOSSE SI MAT LUXUS-BUERGER FÄNDELE GERËSCHT....

WAT ASS LASS? HU MIR AM FUITBALL GEWONN?

MIR!? DAT GÉING MECH EFFEKTIV WONNEREN...

MENG LYCÉE

D'KLACKE VUN DER KATHEDRAL «NOTRE DRAME DE LUXEBOURG» LAUDEN "À TOUTE VOLÉE"....

DINGGDONGG! DINGGDONGG!!!

WAT E KAMÉIPI! WÄR ECH DACH NËMMEN A SCHI-NA BLIWWEN!(*)

MÄ WIE LAUT EIGENTLECH ESOU HEFTEG D'KLACKEN?

DIING DONGG!! DONGG!

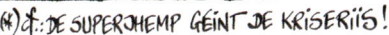

(*) cf.: DE SUPERJHEMP GÉINT DE KRISERIIS!

...MÄ ECH NATIERLECH, DE «QUASIMENTNIDO», DE GLÖCKNER VUN NOTRE-DRAME!!

DINGG DOOONGG

A FIRWAT EIGENTLECH DÉI GANZ OPREEGUNG?!

©E&E 2012

①

MA GANZ EINFACH: OP SÄIT 46 (RESP. PLANCHE 44!) VUM ALBUM «DECK MÉNZ FIR DE PRÉNZ» KOUM ET ZU DÉSER SZEEN... →

WANNECH GLIFT, ALTESSEN, "ÄRE PETIT PRINCE>>!!

GOO!

MERCI, MERCI, SUPERJHEMP! DIR KËNNT IECH NET VIRSTELLE, WÉI GLÉCKLECH DIR EIS MAACHT!

...AN ZU DÉSER VERHÄNGNISVOLLER AUSSO:

WËSST DER WAT, SUPER-JHEMP?... DIR SIDD HEIMAT FEIERLECH OP EIS HOCHZÄIT AN E PUER MÉINT AGELUEDEN!!

MERCI VILLMOOLS, ALTESSE!

AN DOFIR - JUST E PUER MÉINT MÉI SPEIT- KÉNNT ET ELO ZUR FEIERLECHER HOCHZÄIT VUM KLENGHERZOG LUC A SENGER LAANG-JÄHREGER FRËNDIN CHIN-CHIN...

♥ ♥

SO, LUCIEN, GEET ET MAT DIR? JUST E PUER MÉINT MÉI SPEIT! DAT SINN ELO BAL 6 JOER HIR...

ALSO, JUST 72 MÉINT, ROGER! A WAT SI SCHON 72 MÉINT AN ENGEM LIEWEN?

DAT SINN Z.B. 72 MÉINT, WOU EE KANN AN D'VAKANZ GOEN! A PROPOS VAKANZ: WOU BASS DE GRAD? BESTËMMT NEES ËNNERWEE...!

ECH? ËNNERWEE? NI AM LIEWEN! WOU DENKS DE HIN? DU WEESS DACH, DAT ET KEE MÉI SÉDENTÄREN SZENARIST GËTT WÉI MECH!

WEES A WEES VERSAMMELT SECH D'PUBLIKUM EN ATTENTE VUN DEENEN ILLUSTRE GÄSCHT UM PARVIS VUN NOTRE-DRAME...

...A FIR DAT ÉVÉNEMENT, DAT WELTWÄIT IWWERDROE GËTT, ZE KOMMENTÉIEREN, HUET ÄRTÉHELL DEI GANZ GROUSS ARTILLERIE ERAUSGEHOLL: DE PIERRE BILLENDOERCH AN DEN NIK SPOGEN!

ÄrtéHell

PIERRE, ECH FANNEN, ÄR KRAWATT HUET NAWELL ZIMMLECH JÄIZEG FOARWEN, NIK?

BLÄR!

JÄITZ!

KREESCH

ET ASS E WONNER, DASS DU ROITZBOUF IWWERHAAPT DRU GEDUECHT HUES, ENG UNZEDINN..!

JO, ET WONNERT MECH SELWER, DATT ECH SE NIK VERGIESS HONN!!

②

114

OP DÉSEM HERRLECHEN DAG HUET SECH OP JIDDERFALL DE GANZE GOTHA VUM ÖROPÄESCHEN HÉICHADEL ZU LUXUSBUERG AFONNT!!

GELDIERT, NIK WOUER?

-WIEN ASS DANN DEEN HÄR DO?
-DAT ASS WAHRSCHEINLECH DE GOL-GOTHA!!

-AN DÉI DAMM DO?
-DAT ASS MENG BUSEFRËNDIN GLORIA VON TÜT UND TATNIX AN ENGEM WONNERSCHEINEN ENSEMBEL VUM KARL FELDLAGER

-A WIE SINN DÉI EDEL HERRSCHAFTEN?
-DAT ASS DEN ADALBÄR VU MONA K.O. MAT SENGER FRA CHARLIGNE STOCKFISCH AN HIRER LAAHANGER TOILETTE....

-AN HEI KOMMEN NACH ANER GEKRÉINTEN HÄIPTER: D'KINNIGIN BEATNIX AUS DEN NEIERLANDEN

-WAT HUET SE DO UM WAPP? E GOUDA?....

-DE SPUENESCHE KINNEK RUAN-CARLOS DE BOURBON-PARMAHAMFRITTENANZALOT, GRAD ZRÉCK VUN ENGER ELEFANTE-SAFARI

AN HANNEN DRUN.... ASS DAT NIK OCH EN ELEFANT!?

-DAT ASS HIS ROYAL HIGHNESS, DE PRËNZ VU WOOLZ.... PARDON, VU WÉILS.... DU BRÉNGS MECH GANZ DUERCHERNEEN.... MAT SENGER BESSERER HALSCHENT KAMILLENTÉI....

-OH, PARDON.... ECH HAT GEDUECHT, NJEINST JEN QUEREN

-DE BÄLSCHE KINNEK ALBÄR II A SENG FRA LAOLA....

-D'COUSINE VUN EISEM ALLSÄITS BELÉIFTE KLENGHERZOG, D'PRINZESSIN GERTRUDE VON HOHEN ZOLLGEBÜHREN (*) AN HIRE MANN, DE PRËNZ PIR VAN SDENETGEESS....

(*) cf.: Den Album: "DEN DOSSIER HEXEMEESCHTER"

3

115

-DÉS MONARCHE SI MER LEIDER NET BEKANNT....
-SI HUNN AWER GUTT KAARTEN, PIERRE....

-AN ZU GUDDER LESCHT NACH DE KINNEK AN D'KINNIGIN VU SCHACHMATT....

-A WAT ASS DAT DO DA FIR ENG HITT-PARADE? -DAT SINN D'MINISTESCHDAMMEN A -FRAEN: D'MADAME JACOBSWEE, D'MADAME GEMOSCHTÉRT, D'MADAME J.C.JOTT AN D'MADAME HASSELBUER....

PIERRE, WÉSST DIR EIGENTLECH, WAT D'MADAME JACOBSWEE MAT HIREN ALE KLEEDER MECHT!?

NEEN!

SI DEET SE UN!!
WUAAHAHAAHAA!!!

DU IMPERTINENTE ROTZBOUF! WANN ECH NET ESOU IMPECCABEL ERZU WIR, GÉIF ECH DER ENG KROPEN....

BOOOH....WANN EE MOL NIK MÉI KANN DE GECK MAN!!....

-DEEN HÄR KENNT DER DACH OCH BESTËMMT.... -DAT ASS DE BOPA VUN EISER KÜNFTEGER PETITE-DUCHESSE, DEE BERÜHMTE STAR-(*) ARCHITEKT MING-PEI-DING-PEI-AN OCH HIM-SENG PEI!!

(*)cf.: Den Album "S.O.S. COSA MIA"

-MING NERVEN! AN DEEN HÄR DO?
-DIR MUSS EEN AWER OCH ALLES SOEN.... DAT ASS SENG EXZELLENZ, DEN HAFFMARSCHALL PIERRE AMORDEMISAMORES....

-AN ELO KËNNT DE GROUSSE MOMENT-ECH SI SCHO GANZ OPGEREEGT-DEE MOMENT, OP DEEN JIDDEREEN SECH FREET, D'ARRIVÉE VUN EISER KLENG HERZOGLECHER KOPPEL!!!

④

116

«EISE GUDDE KLENGHERZOG LUC AN SENG HÄERZALLERLÉIFST KLENGHERZOGIN CHIN-CHIN!

«HIEN A SENGER SCHMOCKER UNIFORM VUN DER MILITÄR-AKADEMIE "THE CHURCH OF BOTTERWHACK" A SI AN ENGEM WONNERSCHÉINE BRAUTKLEED VU GIVEN...pardon...APRÈCHY!

WÉI DER GESITT, GËTT DÉI 14 METER LAANG SCHLEEF VUM KÄTT VUN ÄNGLAND SENGER SCHWËSTER GEDROEN......

ET ASS NATIERLECH ENG HOCH-ZÄIT MAT ALLEM PIPAPO!

«A VIRUN ALLEM MAM PIPPA SENGEM PO!!...Hahahaa...

«ÉNNERT DE KLÄNG VUN DER GROUSSER UERGEL, GESPILLT VUM POL KRÄISCH, SCHRECKEN D'BRAUT AN DE BRÄITCHEMANN ELO DUERCH D'KIERCHESCHËFF!!.....

PAPAA
PA
PAAAA
PA
PAA
PA
PAAA!

A WIEN ASS DANN DEEN HÄR, DEEN DÉI GANZEN ZÄIT DO FOTOGRAFÉIERT?

SCHLICKA
SCHLICKA
KLICK
SCHLICKA
SCHLICKA
KLICK
KLICK

WÉI...DU WEESS DAT NET? DAT ASS HIRE GANZ PERSÉINLECHE PIPPARAZZO!

!?

⑤

VRUM ALLDER !!!!

MOIE, KLEESCHEN! TIENS, DIR HUTT IECH VERÄNNERT ZÉNTER DER LESCHTER KÉIER!! (✱)

KONICHI WA, ALTESSE! ECH SINN DEN EISENHÄERZ-BËSCHOF GASPERECH AN ECH FREEË MECH, IECH HAUT ZE TRAUEN !!!!

NÉT NÉMMEN HAUT! DIR SOLLT MIR ALL DAG TRAUEN !! HAHAHAA!

HUTT DIR ÄR ZEIE MATBRUECHT?

JO, MÄIN ASS DE SUPER JHEMP!!

...A MÄIN ASS MÄI BOPI MINGPEI-DINGPEI-A SOU WEIDER !!!!

AN ESOU HËLLT D'ZEREMONIE HIRE LAF, BIS ZUM ENTSCHEEDENDE MOMENT...

WËLLS DU, WC VU WXUSBUERG, PENG FRA CHIN-CHIN...BLABLA...A GUDDEN WEI A "BLA BLA...BIS DASS DER DOUT IECH SCHEET?

JO, ECH WËLL!

AN DU, CHIN-CHIN, WËLLS DU DENGEM MANN... "BLABLA..TREI SINN...BLABLA... BIS DASS...BLABLA..."

JO, ECH WËLL !!!

DANN DÄERFT DER IECH ELO KËSSEN !

KNUUG... TSCH...!

SCHMALZ

UM KNÖDLER, VIRUN ENGEN RIISENÉCRAN, WEI IWWERALL AM LAND, KËNNT ET ZU ENGER EXPLOSIOUN VU FREED !

HURRA!! VIIIIVE! BRAVOO!

NACH!! ENDLECH! VIIIIVE...

(✱) cf.: den Album: "TERROR ËM DEN TROUN"

OCH BEI KUDDELS DOHEEM VRUM FERNSEH...

WEI SÜSS, MAMA... KUCK, SI LIEWEN SECH !!!!

Snirfl!!..

118

"ENNERT DE GÄSCHT AN DER KATHEDRAL ASS OCH D'PERSONAL AUS DEM MINISTÄR FIR ONGELEISTE PROBLEMER..."

"...A BEGLEEDUNG VUN DER FARCE PUBLIQUE!

WAT DAT ALLES NEES KASCHT, NED'IERT, HÄR LOOR-ROSEN?

GITT IECH, MAT ÄRE KLENGLECHE REMARQUE, KRÉCHER! "FIR ESOU ENG HOCH- ZÄIT VERZICHTE MIR DACH GÄREN OP 2% PUNKTWÄERTERHÉIJUNG!!

AN? JOFFER LÉONIE? BRÉNGT ESOU ENG ZEREMONIE IECH DANN NET OP ENG IDDI?...

DACH, LÉANDRE...ECH MUSS MOL MÉI DACKS BEI DE COIFFEUR GOEN!

PLOP

UM 150, RUE DE LA PATRIE, ASS EEN(T) E BËSSE PERPLEX...

?

SO, SANDRA, ECH GESINN DE PAPP NET BEI SENGE KOLLEGEN! EN HAT DACH AWER GESOT, SI GÉIFEN ALL ZESUMMEN AN D'KATHEDRAL GOEN!?

MAACH DER KEE KAPP, MAMM! ET WÄERT HIM EPPES DERTËSCHT KOMM SINN!

HEI, ET ASS ERIWWER! SE KOMMEN ERAUS...

VRUN DER KATHEDRAL KËNNEN D'LEIT ET BAL NET ERWAARDEN...

SE KOMMEN!!

DO SINN SE!

LES VOILA!!

ECCOLE!

JO MÉI... DO KUMMS!

ENFIN!!

COOL! ENDLECH...

i ♥ HOT CUISINE!

GINO DINO

3500 Mätschen

AAAAH!!

⑦

x

Seechomes
ALAIN ATTEN

Ech kréie mech hei elo mat engem ganz klengen Déierchen, dat Dir nawell kennt, an ech denken, déi allermeescht vun Iech fannen nach e Lëtzebuerger Numm derfir. Eng Parti Schoulkanner an der Stad wëssen e vläicht net méi, well se seelen an de Bësch ginn, duerfir gebrauchen der da vill vun hinnen deen houdäitschen Numm, deen s'aus der Schoul kennen. Ma wa se wëllen, da kënne sech elo een eraussichen. Dat ginn awer just nëmme Lëtzebuerger Nimm, déi elei op d'Tapéit kommen. Ech wäert just vum Houdäitschen ausgoen, well et am Gaang ass iwwert d'Schoulsprooch op eis kleng Landkaart iwwerzegräifen.

Op Schrëftdäitsch nennt sech dee klenge Béischt *die Ameise*. Op Franséisch ass et *la fourmi*, op Latäin seet sech *Formica*, an deen Numm huet s'och an der Zoologie behalen. Do schwätzt ee bei deene meeschten Zorte vu *Formiciden*. Déi wëll ech elo awer net auserneenhuelen hei, well d'Vollek ënnerscheet se souwisou meeschtens net genee: dat sinn dann déi kleng, déi déck, déi rout, déi giel oder déi schwaarz. Ma si hu gemenkerhand all deeselwechten Numm op där Plaz, wou dann den Numm gëllt. An elo son ech Iech deen Numm, deen am Ländche vun aalst hier am geleefegsten ass: eng *Seechomes* natierlech.

Ech kann och fräi vun där Fassong ausgoen, well an där Aussprooch hëlt den Numm sech am däitlechsten auserneen. Dir gingt op den éischte Coup net mengen, datt eis *Seechomes* an déi houdäitsch *Ameise* dat nämmlecht Grondwuert hätten, abee dach! Dir musst just déi éischt Silb vun eiser Seechomes ewechloossen; eng *Omes* gëtt jo och plazeweis gesot. A just dat entsprécht där schrëftdäitscher *Ameise*. Ech ginn Iech elo am beschte gläich d'Etymologie mat duerch, well si passt op eis Ausdréck alleguer. *Ameise* an *Omes* fanne sech fir d'éischt am alhoudäitschen *ameiza*. Den Numm ass am 8. Jorhonnert ewell do, an e kënnt zimlech sécher vum germaneschen *ameitjan*, dat heescht wuertwiertlech *ofmeesselen*. Dir kënnt bei der *Omes* also un e Meessel denken. Besser kënnt den Numm net fonnt ginn, well 't gëtt bei äis kee Béischt, dee méi propper Fleesch vunenee gehol kritt wéi e Koup Seechomessen. Wann ee gär Schanke propper wéi geleckt hätt fir ze versuergen, da brauch een dat futtiss Déier nëmmen an e Seechomesse-koup ze droen.

Souvill emol fir d'Grondwuert, ma wat steet elo als Bestëmmungs-wuert virdrun? Wat hu mir op Lëtzebuergesch nach op eis al *Omes* geprafft? Ech mengen, déi vun Iech, déi well méi eng enk Bekanntschaft mam Déierchen haten, déi wëssen et. Wann eng Seechomes strutzt, da pëffert et. Da kritt een eng Grimmel *Seech* ënnert d'Haut, an déi Saier mécht een e bësse granzeg. 't ass iwwregens net, datt mir deen Numm eleng fonnt hätten. D'Engländer soen zum Beispill op Populär-Englesch och a *pissmire*, wougéint hire méi gehuewenen Ausdrock *an ant* ass. Si soe jo och en *anthill* fir e Seechomeessekoup. Domat, mengen ech, wier eisen Numm kloer. Elo musse mer nach all spéckse goen, wéi eis Leit sech den Numm alenenne mondsgeriecht geschwat hunn, wat se draus gemaach hunn.

Looss mech eisen zweetheefegsten Numm elo virhuelen, dat ass eng *Jeejomes*. Eis Jeejomes ass ganz riichtewech eng zerschwate *Seechomes*, weider näischt, do zitt ee Laut deem aneren no. Dobäi kommen elo der Géigend no sonner Ausspprooche wéi *Seejummes* oder dann och *Jeejummes*. Esou Nimm, déi kënne goe bis *Seemuss* a *Jeemuss*, an dovun entstinn nees aner Varianten. Dodraus ginn da *Seemunnessen* a *Jeemunessen*. Wann eis Sprooch esou eng Amusettche fënnt, da gëtt se sech net. Där do hunn ech nach en Aarbel voll begéint, déi kennt ee bal net méi erëm: do gëtt et eng *Seejemaus*, eng *Saimaus* (op Eechternoocher), en *Seechmoschel*, *Jeejermaus* an eng *Jaddermunnes*. Dat elo si se natierlech nach laang net all. Ech däerf just eng net aus-loossen, soss ginn déi Rodanger queesch: eng *Bujälli* hu si fréier gesot, ma dat ass wallounesch. Uewerréideng huet jo fréier *gewelscht*. Sou. Nëmmen nach eng Riedensaart, déi äis rëm bei eist Grondwuert féiert: *onméisseg wéi eng Wissbei* ass fréier gesot ginn. *Seejomësseg fläisseg* wéi eng *Bommelbei* war dat. Dat war ewell eppes.

Den Tolly a säi Bop*
JOSY BRAUN

’t ass August, ’t ass Vakanz, an den Tolly soll déi aner Woch mam Roude Kräiz op d’Mier fueren. Dem Bop seet et net méi vill, fir haut nach duerch d’Weltgeschicht ze gondelen, mä de Bouf ka jo net gutt zwéi Méint laang heiheem sëtzen an drop waarden, datt déi aner Bouwen a Meedercher him aus Spuenien oder Italien eng Kaart schécken. Den Tolly war nach ni fort, mä ’t muss jo eng Kéier fir d’éischt sinn.

’t ass scho schro genuch, denkt den Anatol Weis datt dem Tolly säi Papp an seng Mamm net méi do sinn. Nëmme gutt, datt de Bouf réisch knapps fënnef Joer hat, wéi de Méchel an d’Rosa am Sauerwäinsgronn bäigaange sinn. Den Tolly huet dat deemools net richteg matkritt. E weess just dat, wat de Bop him spéider verzielt huet. An si zwéi verstinn sech gutt. Mä wéi laang geet et nach sou virun? E Bop lieft och net éiweg!

Sou denkt den Tolly iwwerhaapt net, well hien ass immens frou mam Bop; net nëmme well dee prima Fritte maache kann, mä en huet vun deem och nach nimools eng gejauft kritt. Net wéi aner Bouwen a Meedercher aus dem Duerf, déi doheem fir déi klengsten Dommheet eng hannert d’Ouer kréien oder op soss eng topeg Manéier bestrooft ginn. An da kann de Bop him och vill Geschichte vu fréier verzielen; vum Krich, wéi d’Amerikaner hei waren, vun den éischte Leit um Mound, mä och Seeërcher vu Gräupert an iwwer ganz gelunge Leit, déi scho laang dout sinn.

Virun engem Mount huet de Bop eng nei, ganz grouss Televisioun kritt. „Da’ss elo schonn déi drëtt“, sot en, mä hie knoutert och dacks, „’t ass den Owend awer och nees guer näischt drop!“ Den Tolly kapéiert dat direkt a schleeft aus dem rietsen Tirang vum Stuffeschaf d’Millchen oder d’Kaartespill erbäi. De Bop zaapt sech dann eng Karaff Viz am Keller oder en hëlt eng ugebrache Fläsch Wäin aus dem Frigo, an da geet et lass. De Bop huet den Tolly ‚Sechsasiechzeg‘ a „Rammi“ geléiert an och, wéi een eng ‚Patience‘ leet. Dann ass et ëmmer néng Auer, ier een sech ëmsinn huet, an ëm néng dämpt de Bop hien den hëlze Bierg aus. Just an der Vakanz duerf e méi laang opbleiwen, alt bis eelef; hie kéim jo lo an d’fënneft Schouljoer, seet de Bop souguer. Sou gären ass de Bop guer net leng, dat huet den Tolly scho laang spatz kritt.

„Wat wëlls de da ginn, wann s de grouss bass?“, huet deen hie gёschter no der Bouneschlupp gefrot an hie vun der Säit bekuckt. De Bop weess dach, wat hie wëllt ginn, hien huet him dat dach schonn honnertmol gesot: Fierschter!

„Da muss d’awer an de Lycée goen“, sot de Bop, „an duerno bei d’Militär.“

Jo an? De Muerzels Fränk war am véierte Schouljoer sёtze bliwwen an ass haut awer am Lycée. Wat dee kann, kann hien och; an hien ass nach ni sёtze bliwwen.

[...]

Wat ass dann dat do? Hien ass just amgaang, an engem zimlech verstёbste Buch ze bliederen, wou gelunge Biller mat Negeren[(1)] a komeschen Haiser dra sinn. „Onkel Toms Hütte“ heescht d’Buch, an ’t ass mat donkelbloem Pabeier agebonnen; ’t mengt een alt emol, ’t wier donkelbloen, deen Abandspabeier ass esou verblatzt, datt dat nach guer net sou sécher ass. A vir um Buch ass e klengt Schёldche mat der Nummer 147 dropgepecht. D’Buch mёffelt richteg, wann een et opschléit oder dra bliedert. Mä lo ass hannen aus dem Buch eng Fatz Pabeier rausgefall.

’t ass Haierscherspabeier, an ’t ass mat engem Bläistёft drop gemoolt a geschriwwen. „Kréiwénkel“ steet drop a „WB“ an „HB“. Bei HB ass e klengt Kräiz gemoolt, ёnnendrёnner steet „10 x 5 x 0,60“, a ganz ёnnen am Eck „J.D.“. Iwwert d’Blat lafen zwéi kromm Strécher, wéi wann dat Ganzt eng Landkaart wier. Wat der Däiwel kann dat do sinn?

Den Tolly huet ganz rout Bake kritt an heemelt a Gedanken de Kueder tёschent den Oueren. War dat sengem Papp säi Buch? Senger Mamm hiert bestёmmt net, well vir am Buch ass e Stempel vun der

Gräuperter Gemeng dran, an seng Mamm war vun Iechternach; dat weess hie vum Bop.

[...]

De Bop weess och net richteg, wéi dat Buch op de Späicher kënnt; hie behaapt, en hätt et nach ni gesinn. Mä wou et hierkënnt, dat ass kloer: aus där aler Gemengebibliothéik, well dee Gräuperter Gemengestempel ass hannen op där éischter Säit.

„Deng Bomi ass sech duer ëmmer Bicher siche gaangen, wéi se nach gelieft huet", sot e gëschter zum Bouf. „D'Buch muss deemools, wéi se dout war, um Späicher gelant sinn. 't huet och ni ee vun der Gemeng et reklaméiert."

Hie kennt awer d'Geschicht aus deem Buch. „Déi hat ech scho mat siechzéng Joer gelies", sot en d'éinescht zum Tolly. „Dat Buch ass wonnerschéi geschriwwen. Wann s d'e puer Joer méi al bass, da verstees d'et besser, da muss d'et onbedéngt liesen, du gëss bestëmmt net méi domm dervun."

Den Tolly gesäit dem Bop of, datt dee ferm amgaang ass, nozedenken. Dee kuckt guer net méi op dat verblatztent Stéck Haisercherspabeier, mä zur Schappendier eraus, wéi wann et énne beim Bur eppes Extraes géif.

„Lo spille mer mol Detektiv", seet de Bop op eemol zum Tolly. „Deen, deen deen Ziedel an dat Buch geluecht huet, deen hat d'Buch och an der Gräuperter Bibliothéik geléint. Vun der Bomi ... wat ass? Firwat laachs de?"

Den Tolly ass richteg rausgeplatzt. „Deen, deen, deen Ziedel'... hues de dat anuecht gehol, Bop?!"

„Mir hunn ebe sou eng Sprooch, Dommen do! Also: Vun der Bomi ass den Ziedel bestëmmt net, dee louch méi wéi sécher schonn am Buch, wéi si et geléint huet. Dat heescht, datt iergendeen den Ziedel drageluecht an duerno einfach vergiess huet. Dee J.D. ënnen um Ziedel, dat kënnt deem säin Numm sinn. Wa mer lo rausfanne géifen, wien dat Buch virun der Bomi hat, da wiere mer schonn e Krack méi gescheit. An da wéisst ech och vläicht, wat deen Ziedel mat Kréiwénkel ze doen huet. Ech muss dem Mill dee mol mathuelen."

„Wien ass dat?", freet den Tolly.

De Bop muss lues laachen. „De Mill? Dat ass dee fréiere Sekretär vun der Gemeng. Deen huet der haut och scho gutt siwwenzeg um Bockel. En huet dach dat déckt Buch iwwert d'Gräuperter Gemeng geschriwwen ! Hues de dat nach ni gesinn? 't steet an der Stuff nieft der Televisioun. Alt nach e Buch, dat s de spéider muss liesen. Ech weess jo muenches iwwer Gräupert, mä de Mill weess nach vill méi. Muer de Mëtteg gesinn ech en ‚an Tossen'; da weisen ech him den Ziedel."

„An dann?"

„Waart mol of! Vläicht stousse mer do op eng bosseg Geschicht, wie weess. Wann s de vu Blankenberg rëmkënns, da kann ech der se vläicht verzielen. [...]"

---

[1] Bemierkung vum Editeur:

D'Wuert ass am historesch/literaresche Kontext vun *Uncle Tom's Cabin* (BEECHER STOWE, Harriet, 1852) ze verstoen.

Pink Slip Party
NICO HELMINGER

andy a steve beim leonie doheem. d'leonie schléift an der fotell, andy a steve dréine sech eng wick.

STEVE: zwou lénker hänn. ech mengen, ech hunn zwou lénker hänn

ANDY: sot mäin alen och ëmmer zu mer!

STEVE: dofir geet alles schif, ee schëffbroch um aneren.

ANDY: ech hätt solle studéiere goen. gouf awer näischt. mäi papp huet seng nuddelsfabrik verklappt, huet an d'kosmetik investéiert a mam beruff och d'fra gewiesselt, iergendeng sekretärin bestuet an eis sëtze gelooss. kuerz drop ass meng mamm u kriibs gestuerwen. ech si bei hir do opgewuess; si war deemools scho gagga. wéi sollt ech sou virukommen?

LEONIE: wat verziels de rëm do!

ANDY: ech hat gemengt, du géifs schlofen.

LEONIE: ech schlofe jo och!

ANDY: amplaz op d'uni sinn ech dunn an e garage komm. dat war bal mäin dout gewiescht.

STEVE: du hues musse schaffen, wéi!

ANDY: dat och. awer ech menge lo eppes anescht. ech mengen d'botzmëttel fir d'felgen.

STEVE: du mengs d'botzmëttel fir d'felgen?

ANDY: gbl!

STEVE: gbl?

ANDY: genee. gammabutyrolactone: bloen nitro!

STEVE: bloen nitro! ok, dat kennen ech.

ANDY: dat stoung do fudderweis erëm!

STEVE: do gëss de gäil, du kéins op deng bom sprangen!

ANDY: hu mer getankt wéi déi wëll. richteg botzmëttel-partyen am garage. bis esou e schäiss portugis op eemol am koma louch. an ech um buedem gestruewelt hu wéi e fësch um dréchenen. longen aus steen!

STEVE: schäiss drogen!

ANDY: dat sees de gutt, schäiss drogen!

LEONIE: wat richt rëm sou?

ANDY: déi fortimel, schlof!

STEVE: a fir si kriss de 600 euro? géif ech och maachen.

ANDY: ech wollt der eppes anescht virschloen, du kanns hei wunnen.

STEVE: an op déi al oppassen?

ANDY: neen. mär loyer bezuelen!

STEVE: he, wou huelen ech dat dann hier?

ANDY: a beim alix kascht et dech näischt?

STEVE: vun zäit zu zäit e bësse schweess! méi net ... bis lo.

ANDY: wann d'lydie de loyer net bezillt, musse mer do raus.

STEVE: hei ass et jo och gutt.

ANDY: du kenns déi al net!

LEONIE: ech kréien alles mat!

ANDY: lauschter net no, dat reegt dech nëmmen op!

STEVE: ech hunn eng iddi. mir organiséieren eng party.

ANDY: wonnerbar, party ass ëmmer schéin. awer ouni botzmëttel!

STEVE: ouni botzmëttel! clean!

ANDY: mat weem senge suen?

STEVE: eben. keng, déi eppes kascht, mä eng, déi eppes abréngt. kennen ech aus amerika.

ANDY: colorado!

STEVE: eng pink slip party. weess de, wat dat ass?

ANDY: eng zort tupperware-ronn an der ënnerwäsch, huelen ech un.

STEVE: null punkten! de pink slip ass bei hinnen de moven ëmschlag vum kënnegungsbréif. a bei der pink slip party begéinen sech leit, déi aarbecht siche mat leit, déi leit sichen, déi aarbecht sichen. ok? also ganz labber, ouni stress, eng zort aarbechtsamt, awer als party. sou fënns de vläicht en job.

ANDY: ech?

STEVE: du. oder ech. oder all déi aner. dorëm geet et. mir mussen einfach genuch leit zesumme kréien. a jiddereen, dee kënnt, bezillt 20 dollar oder sou, also euro.

ANDY: du mengs, dee scho kee su huet, muss der och nach erausrécken!

STEVE: hie kritt dofir eng chance op aarbecht!

ANDY: eng chance vläicht, awer eng aarbecht?

STEVE: e muss seng chance eben notzen! ech mengen, dat ass ëmmer sou! fir 20 euro kriss de d'méiglechkeet, der 20.000 ze verdingen!

ANDY: wéi an der lotterie!

STEVE: firwat spillen d'leit? masseweis spille se!

ANDY: a masseweis kommen se op deng party!

STEVE: also am colorado war et sou: e pinke bracelet fir déi, déi sichen, e grénge fir déi, déi astellen!

ANDY: pinke, pinke! där, déi sichen, kennen ech genuch, awer där, déi astellen?

STEVE: soe mer, et kommen eng dräidausend leit dohin, déi sichen …

ANDY: organiséiers de e pop-concert oder wat?

STEVE: 3000 mol 20 si 60.000 euro! stell der dat vir 60.000 euro!

ANDY: du gesäis grouss. dat läit wuel un denge pupillen!

STEVE: mir brauchen nëmmen e puer patronen, déi matmaachen, déi aner komme vum selwen!

LEONIE: hei kënnt mer kee patron eran!

ANDY: 't sot keen eppes vun hei, boma.

LEONIE: ech weess dach, wat leeft. ech hunn iech nogelauschtert. e komplott ass dat, e richtege komplott!

ANDY: ok, kriss e strapp an da bass de roueg!

LEONIE: ech si lo net roueg! mer goungen op d'barrikaden. a wat maacht der? dir organiséiert partyen!

ANDY: ass dat vläicht eng party hei?

STEVE: si kënnt sou lues a schwong!

ANDY: wie kuckt no där? wie kënnt all dag heihin der deng medikamenter ginn? dech propper halen? deng gewerkschaft? mat hirem fette president, dee weider näischt ka wéi déck téin späizen a schläim schäissen?

LEONIE: mueres um fënnef stoung ech schonn do fluchblieder ze verdeelen.

ANDY: ok, du hues fluchziedele verdeelt, déi kee mënsch gelies huet. kënne mer dofir?

LEONIE: mir hunn de schleimer agespaart a sengem büro! lauter nihiliste sidd der! kee méi, dee sech engagéiert!

ANDY: gutt, ech engagéiere mech net méi! kanns de kucken, wéi s de eens gëss. dat getuuts do, brauch ech mer net unzehéieren!

LEONIE: solls de awer! kéint eppes léieren derbäi!

ANDY: mech gesäis de lo mol e puer deeg net méi hei! da mierks de, wat ech wäert sinn!

LEONIE: maach mer meng musek!

ANDY: maach et dach selwer!

LEONIE: meng musek!

den andy an de steve ginn eraus.

LEONIE: meng musek!

no enger zäitche kënnt den andy rëm eran, leet d'plack op a geet. d'leonie sëtzt do ze lauschteren. da bleift d'plack hänken: ... un morceau de chiffon rouge ... un morceau de chiffon rouge ... un morceau de chiffon rouge ...

LEONIE: andy! andy! andy!

Motzen
ALAIN ATTEN

Dat heite Wuert hu mer am Fong net gesicht. 't ass mer hei am Haus sou hallwer prophezeit ginn, ech géif geschwënn driwwer schwätzen. Ech muss son, ech war zum Éischte mol frou, datt ech d'Wuert nach héieren hunn; bei deene ganz Jongen ass et well méi rar ginn. Ma ech koum eng Kéier just deen Ablack an d'Sekretariat, wéi eng vun den Damme sot: „Dee wäert lo mol eng Zäit motzen." Voilà – just: *motzen*. Net datt do grad vu mir Rieds gaang wier, well ech war guer net *motzereg* deen Ament; 't war soss ee gemengt. Ma wéi ech du gelauschtert hunn, wéi dat schéint Lëtzebuerger Wuert gefall ass, du krut ech da gepëspert: „Wier dat näischt?"
O dach! Ma do war ech mer eng sichen, och wann ech guer näischt wollt doruechter spéckse goen. Ech wéisst mol gär, wéi vill der vun eise Sproochmatesse sech ewell dodriwwer de Kapp zerbrach hunn – ech mengen net ganz vill. D'Wuert ass wuel alenennen am Ëmlaf gewiescht, 't seet sech och nach, wéi ech mech jo konnt iwwerzeegen, an 't bedeit och iwwerall d'nämmlecht, nämlech *granzen*, sech *ewechhalen*, sech *getrëppelt spieren* an et weisen. Ech géif *motzen* net riichtewech gläichsetze mat *d'Flemm hunn*. Wann ee *granzt*, da muss ee sech duerfir guer net *verrauen*, wéi mir fréier nach gesot hunn; da mécht een duerfir guer net onbedéngt eng *Depressioun*, wéi et haut heescht. *Motzen*, da's éischter sou eppes wéi en tockskäppegt Erëmhaen, wat net richteg wëllt geroden. 't ass ëmmer en Reaktioun op eppes Bestëmmtes. Bei de Kanner geet et apaart séier eriwwer, bei de Leit hält et alt méi laang un, well do sëtzt et da méi déif. Dat lo ass landleefeg ongeféier de Sënn.

Eist Stéchwuert hei war fréier sécher vill méi lieweg a méi heefeg; dat weisen eng ganz Rëtsch Wierder, déi dervun hierkommen, ma déi hautdesdaags ewell bal all ënnergaang sinn. Ech huelen nëmmen déi sëllechen Nimm, fir een ze vernennen. Wann e Bouf oder e grousse Kärel sech de Grant gestallt huet, da war dat e *Motzbatti* oder e *Motzkiwwel*. Wann et eng kleng Strëtz wor oder well méi eng grouss Jëfferchen, dat sot een eng *Motzschossel* oder eng *Motztäsch*. Wann eent apaart pësseg an zipeg dragekuckt huet, da konnt och alt emol e *Motzengel* draus ginn. Wat vun all deem bliwwen ass? Vläicht just nach de *Motzeck*. Do stoung kee gär, well am iwwerdroene Sënn wollt dat soen „d'Ofstellgleis" fir dat, wat net méi gebraucht gëtt.

Lo ma mer awer séier nach de Verglach mat eisem Noper, an do kann ee sech alt nees wonneren. Mir hei, mir fänke jo op Lëtzebuergesch näischt u mam franséische *bouder* an och net vill mam däitsche *schmollen*. Wat awer bei äis hei kee sech virstellt, da's datt *motzen* an der Ëmgankssprooch vum Elsass bis erop an Holland a bis eriwwer an Éisträich doheem ass an iwwerall och nees an där nämmlechter Bedeitung, wéi mir et kennen. 't seet sech plazeweis wuel *mutzen* amplaz *motzen*, ma dat ännert näischt un der Landkaart. Wat méi koppeg ass, da's datt d'Wuert eréischt spéit an den Texter ze gräifen ass, net virum spéide Mëttelalter, ma dann op eng Kéier ganz dacks, als Déngwuert an als Verb, an dat an sou ville Bedeitungen, datt een net kloer derduerch gesäit. E *Mutz* kann als Déngwuert sou eppes wéi e kuerz gerodent Stéck sinn, e *Stupp*, ma , kann och e stuppegt Stéck Gezei sinn, wat een unhuet. A bei engem Béischt (apaart engem Hond) kann et heeschen, datt em de Schwanz ewechgeschnidden ass. Souguer en Hong, dat seng hënnescht Plomme lass ass, da's an der aler Sprooch e *Mutz*. 't schéngt nu ganz esou ze sinn, wéi wann eise Sënn am Fong deen zweete Sënn ass, deen d'Wuert no an no krut: Een, deem e Stéck feelt, deem s'eppes ofgeholl hunn, dee gëtt verdrësslech, dee *motzt*. Drolecherweis huet souguer e klengt onschëllegt Déier an der Zäit den Numm *Motzert* matkritt. Da's eng Maus, déi méi eng spatz Schnëss huet wéi déi aner. Bei äis war dat Déier meeschtens e Schierchen, gemengt ass eng Spëtzmaus.

E Muerd am Gréngewald
POL PÜTZ

Datt d'Nicole gäre Krimie kuckt, dat weess den Abbes well laang, mee wat hatt déi lescht Zäit opféiert, dat geet him awer lues a lues op d'Strëmp. Soss hunn se allebéid owes alt d'Televisioun gekuckt, meeschtens wor et e klassesche Film, och alt mol eng Quizsendung, mee d'Televisioun huet bei hinnen zwee u sech keng ganz grouss Roll gespillt. Den Abbes huet souwéisou léiwer e Buch gelies. Just, wann et Futtball gouf, da wor en net méi ze halen, dann huet hien net mat sech schwätze gelooss. Soss huet hien dat gekuckt, wat d'Nicole gäre gehat hätt. Hatt intresséiert sech net fir Futtball, an der Halschent geet hatt ëmmer an d'Bett.

Déi lescht Zäit huet sech dat alles geännert.

D'Nicole geet zwar nach ëmmer an der Halschent vun engem Futtballsmätsch schlofen, awer nëmmen, wann duerno kee Krimi kënnt. Wann nach e Krimi kënnt, dann ass alles anescht, da kuckt hatt bis spéit an d'Nuecht eran. Besonnesch „Der Bulle von Tölz" huet him et ugedoen. Vun deene leschte Filmer mat deem fette Kommissär aus dem Bad Tölz huet hatt kee verpasst. „Ein erstklassiges Begräbnis", „Mord im Kloster", „Der Weihnachtsmann ist tot" – hatt huet se alleguer gesinn.

Wéi se deslescht an de Supermarché akafe goungen, sot d'Nicole op eemol: „Hei déi Fra dohannen, déi gläicht dem Resi!" – „Dem Resi? Wien ass dat?" – „Ma d'Resi Berghammer!"

Den Abbes zitt d'Schëller: „Ech kennen déi Fra net."

D'Nicole ass entsat: „Ma d'Resi! Du muss dach d'Resi kennen! Dat ass dach dem Bulle von Tölz seng Mamm."

Den Abbes konnt nëmmen de Kapp rëselen.

D'Filmer mam Inspekter Columbo hunn him et och ugedoen. De Columbo mat sengem ale schladderege Reemantel, de Columbo, deen sou mécht, wéi wann en net kënnt bis dräi zielen, deen ëmmer vu senger Fra schwätzt, déi een awer nach ni gesinn huet, d'Nicole ass begeeschtert vun him.

An de Commissaire Maigret, um zweete Belsch, am hellen Nomëtteg, d'Nicole géif en am léifsten all Dag kucken.

Och soss ass d'Nicole aneschter ginn.

Deslescht ass den Abbes réisch no Hallefnuecht vum Staminet aus deem klenge Café hannert dem Supermarché heemkomm, an dat wor jo awer net déi éischte Kéier gewiescht, du wor d'Nicole nach op. „Ech hu gefaart, et wier der eppes geschitt. Et gesäit een sou vill Verbriechen op der Televisioun."

Den Abbes rëselt nees eng Kéier de Kapp. „Du kucks ze vill Krimien!"

E puer Deeg duerno hunn se op eemol Sträit kritt, well d'Nicole onbedéngt gär e Krimi gekuckt hätt, um éischte Preiss ass awer déiselwecht Zäit e Futtballsmätsch gelaf. Du wor d'Mooss voll an den Abbes huet sech virgeholl, eppes ze maachen, mee wat?

Donneschdes mëttes ginn se ëmmer zesumme lafen. Dat maachen se schonn zanter iwwert engem Joer. Am Gréngewald, net wäit vum Trimmparcours ewech, geet e Wee vun der Strooss bis bei de Jaanshaff. Si lafen dann ëmmer bis dohinner an zréck, et wäerten am Ganzen sou ëm déi véier Kilometer sinn. Dëst Stéck vum Gréngewald nennen se „Bei der Doudeger Fra". Firwat dat sou heescht, weess kee genee, et ginn do e puer Versiounen. Op der anerer Säit ass eng Plaz, déi heescht „Beim Geeschterhaischen". Firwat d'Nicole just dës Streck erausgesicht hat, huet den Abbes laang net verstan. Haut ass hien sech es awer sécher: Dat huet eppes mat de Krimien a mam Nicole senger Fantasie ze dinn.

Dësen Donneschdeg geet den Abbes net mat. Hien hat sech op der Keelebunn de Fouss verstaucht. Hien huet awer näisch dergéint, datt d'Nicole eleng lafe geet, dat wor scho méi wéi eng Kéier de Fall gewiescht.

„Ech gi bei d'‚Doudeg Fra'!", seet d'Nicole, a fort ass et.

Den Abbes kuckt op d'Auer. Et ass zéng vir véier. Hie geet an de Frigidär, hëlt sech eng Fläsch Béier an installéiert sech am Living. Op der Tëlee leeft e Futtballsmätsch. Hie wëllt déi nächst Stonn genéissen.

Um fënnef Auer ass d'Nicole nach net rëm. Wou bleift dat dann nëmmen sou laang? Dat ass dach net seng Gewunnecht! Quatsch! Hien heescht dach net Nicole. Hien hält näischt vun dëse Krimigeschichten.

Um hallwer sechs fänkt en un, nervös ze ginn, um zwanzeg vir sechs hëlt en den Auto raus a fiert an de Gréngewald.

Direkt beim Wee fir bei d',Doudeg Fra' sti véier Policeautoen. Do ass wierklech eppes geschitt!

Den Abbes stellt säin Auto einfach tëschent d'Beem. „Wat ass dann hei lass?"

Hien erkennt ee vu sengen Noperen, deen do steet.

„Si hunn eng Läich fonnt, hei vir, direkt niewent dem Wee!"

Eng Läich? D'Nicole! Dem Abbes geet de Schweess aus.

„Et ass e Mann, sou ëm déi fofzeg Joer!"

Den Abbes bekuckt déi Fra, déi dat elo gesot huet, wéi wann en hir wëllt Merci soen. Et ass d'Nicole also net! Mee wou ëm Gotteswëllen ass d'Nicole?

„Hutt Dir meng Fra net gesinn?"

De Polizist kuckt eng Kéier grouss: „Mir hunn elo aner Saachen ze dinn, wéi no Ärer Fra ze kucken!"

Den Abbes fënnt déi Äntwert arrogant a frech: „Mee meng Fra misst hei sinn. Si wor heihinner lafe komm. Lo fannen se hei eng Läich, a meng Fra ass verschwonnen! Verstitt dach!" – „Weist mer Är Pobeieren, wann ech glift!"

Den Abbes ass net frou doriwwer, hien hëlt awer säi Portefeuille aus der Täsch, zitt eng Identitéitskaart raus a gëtt se dem Polizist. Dee kuckt eng Kéier kuerz den Numm. „Et deet mer Leed, mee mir hunn Är Fra mat op d'Kommissariat geholl."

Den Abbes weess net, wat e soll denken. Et schéngt him, wéi wann säin Noper géif heemlech laachen. Jiddefalls huet en d'Hand virun de Mond geholl. Den Abbes wëllt et net dobäi looossen. „Mat wat fir engem Recht hutt Dir meng Fra matgeholl?" – „Et deet mer Leed, ech kann Iech net méi soen. Rufft de Kommissär Mignon un, do gitt Der méi gewuer!"

De Polizist schreift him d'Telefonsnummer vun dësem Mignon op.

A wat der Däiwel mécht d'Nicole op dem Kommissariat vun der Police? Wat huet hat mat dësem Muerd hei am Gréngewald ze dinn?

Den Abbes ass kee Lappegen, mee hie weess net méi, wat e soll maachen. Am léifsten hätt hien de Polizist gutt vernannt. Mee dat notzt och näischt. Dee ka jo och net derfir. Et heescht, elo roueg ze bleiwen. Hien iwwerleet eng Grimmel, da setzt en sech an den Auto a fiert heem. Dat schéngt him déi beschte Léisung ze sinn.

Doheem rifft en direkt dee Kommissär Mignon un, mee eng Joffer seet him, dee wier elo an engem Verhéier an dierft net gestéiert ginn, hie soll mol nach eng Kéier méi spéit uruffen. A wie soll deen dann elo verhéieren, sécher d'Nicole?

Da kritt den Abbes eng Iddi.

Den Heng, ee vu senge Staminetsbridder vu méindes, aus deem klenge Bistro hannert dem Supermarché, ass Affekot. „Wann s de mech eng Kéier brauchs, da ruff mech un!" Dat hat hien dem Abbes méi wéi eng Kéier gesot.

Den Abbes rifft den Heng un an erkläert em, wat geschitt ass. Den Heng huet net vill Zäit, hie géif sech awer drëm këmmeren an de Procureur uruffen. Dat ass alles. Den Abbes fillt sech vu Gott an der Welt am Stach gelooss.

Zéng Minutte méi spéit rifft den Heng awer zeréck. Jo, d'Nicole wier bei der Police Judiciaire, hatt géif do verhéiert ginn, si hätten et matgeholl, op Grond vum Artikel 45 vum Code d'Instruction criminelle.

Déi houer Juristen, datt déi sech ëmmer rëm hannert déi schäiss Artikele vun engem Gesetz verstoppen!

„Wat heescht dat? Kënnt d'Nicole dann elo an de Prisong?", freet den Abbes.

Den Heng laacht: „Neen, hatt gëtt just als Zeie verhéiert. Et wäert geschwënn rëm doheem sinn."

Um hallwer aacht kënnt d'Nicole heem. „Ech komme vun der Police Judiciaire." – „Ech weess!", seet den Abbes. Hie seet awer näischt dervun, datt hie mam Heng geschwat hat. Da fänkt d'Nicole un ze verzielen. Wéi hatt iwwer de Wee gelaf ass, huet et op eemol eng Kap gesinn do leien. „Et wor sou eng rout Sportskap, sou wéi s du ëmmer eng unhues, wa mer an d'Vakanz ginn", seet d'Nicole. „Direkt niewent dem Wee hunn ech se du fonnt, d'Läich, et ass bal net ze verstoen, datt bis dohin nach keen se gesinn hat. Si war scho kal!", seet d'Nicole.

„Wat? Du hues se ugepaakt?"

D'Nicole zitt d'Schëller.

„Wéi soll een da soss mierken, datt een dout ass. Ech hunn dat scho méi wéi eng Kéier beim Bulle von Tölz gesinn."

„Du hues dech sécher gefillt, wéi an engem Krimi op der Televisioun", seet den Abbes.

„Neen, et war ganz aneschter, et war nach vill méi spannend." D'Nicole fiert virun. "Ech hunn dunn d'Police iwwer den Handy geruff. Si woren och gläich do, mee du goung alles bonzënnen a bonzuewen. Deen éischte Polizist huet d'Läich mol einfach ëmgedréit. Dat dierf een dach net maachen! Wann de Commisaire Maigret do gewiescht wier, deen hätt deem wat gelift gesot. Déi fannen dee Mäerder ni, dat soen ech der!"

D'Nicole hëlt déif Loft: „An op mech hunn se guer net gelauschtert!"

Den Abbes schléckt eng Kéier. D'Nicole schwätzt op eemol méi haart.

„Si hu mir iwwerhaapt näischt gegleeft, bis de Kommissär Mignon komm ass. Deen huet mech mat op de Büro geholl."

„A wéi wor dann dee Kommissär Mignon?"

„Et wor e laange Goueregen, näischt vun engem Inspekter Columbo, näischt vun engem Commisaire Maigret a scho guer näischt vun engem Bulle von Tölz. Ech hunn em alles misse verzielen an et gouf alles genee opgeschriwwen. Dat kennen ech jo aus de Krimien. Mee deen huet mer domm Froe gestallt, dat soen ech der. Ob ech den Doudege géif kennen? Firwat datt ech iwwerhaapt dohinner an de Bësch géif lafe goen? Sou eng domm Froe stellt den Inspekter Columbo mol net. Mir goung et op eemol duer. Op hien nach ni e Krimi gekuckt hätt, hunn ech gefrot. Hien hätt all Dag Krimie genuch, huet hie geäntwert, an hie géif ni d'Televisioun kucken, héchstens mol e Futtballsmätsch. Ech hunn direkt un dech geduecht. Deen hat guer keng Ahnung, soen ech der!"

D'Nicole gëtt sech net: „Ech froe mech, wéi déi dee Mäerder do fanne wëllen. Déi kenne jo näischt. Déi maachen alles aneschter, wéi déi an der Televisioun. Muer de Muere froen ech mol no."

Den Abbes iergert sech: „Ma déi ganz Saach geet dech dach guer näischt un! Du méchs dech jo richteg verdächteg!"

D'Nicole gëtt rosen: „Et ass meng Läich, ech hunn se fonnt."

Den Abbes traut sech net ze soen, wat hien an dësem Abléck vum Nicole denkt.

Deen aneren Dag mellen se um Radio, am Gréngewald, tëschent der „Doudeger Fra" an dem „Geeschterhaischen", wier eng Läich fonnt ginn, de Procureur hätt eng Autopsie gefrot. D'Nicole ass ganz nervös. Um eelef Auer ass et net méi ze halen, hatt telefonéiert dem Kommissär Mignon. Deen ass net do.

Géint zwielef Auer rifft den Heng un. Hien hätt mam Procureur geschwat, deen Doudegen aus dem Gréngewald wier net doutgemaach ginn, hie wier un engem Häerzschlag gestuerwen.

Den Abbes hëlt sech Zäit, fir dem Nicole dat ze soen, nom Iessen, beim Kaffi, ganz gemittlech.

D'Nicole kuckt eng Kéier ganz grouss, da setzt et sech. Hatt ass net méi rëmzerkennen. Kee Mäerder? Kee Verbriechen? Guer näischt? En hondsgewéinlechen Häerzschlag! Et ass net ze gleewen! Hatt ass wéi erschloen.

„Wat kucks de haut den Owend?", freet den Abbes sou ganz niewebäi.

„Firwat?"

„Et ass Futtball op der Televisioun. Ech wollt nëmme froen."

D'Nicole seet näischt.

Den Abbes hëlt sech eng Fläsch Béier aus dem Frigidär, mécht se gemittlech op an drénkt mat Genoss eng Schlupp. Hie freet sech elo schonn op de Futtballsmätsch.

Erwëscht
CHRISTIANE EHLINGER

Vun un, dass ech zu Iechternach gewunnt hunn, sinn ech net méi sou dacks an d'Stad komm. An dat wor och gutt esou. Well an der Stad iwwerkoum mech ëmmer erëm dat Magnéitverhalen. „Hei kriss de eppes", hunn ech gewosst, an da wor et ëm mech geschitt. Ech konnt mech net méi zeréckhalen, ech hu ganz néideg eppes gebraucht.

Sou ass et mer deen Dag och gaangen.

Am Ufank hunn ech keen Dealer fonnt. No laangem Hin- an Hiergerenns, konnt ech dunn hannen um Quai vun der Gare en Deal maachen. Dräi Bullen Heroin hunn ech kaaft a wollt duerno sou séier wéi méiglech heem.

Iergendwéi hat ech e komescht Gefill.

Mäi Bus stoung schonn do. Grad wéi ech hannen erageklomme sinn, rappt ee mech u mengem Kolli an en zweeten dréckt mech am Gank vum Bus op de Buedem. Et wore Polizisten. Ech wollt d'Bull, déi ech nach an der Hand hat, séier ewechgeheien. Dat ass mir och gelongen, awer si ass engem drëtte Polizist direkt virun d'Féiss getrollt.

Deen huet zefridde geruff: „Mir hunn en!"

Ech krut d'Hänn mat Handschellen op de Réck gebonnen a mir sinn zu Fouss op de Büro nieft der Gare gaangen.

D'Leit ronderëm hunn all virwëtzeg gekuckt, an ech war frou, wéi mer endlech vun der Strooss waren.

Am Büro hunn ech mech missen op e Stull setzen an ech krut d'Handschelle lass gemat. Ech hunn op honnerte Froe missen äntweren an 't gouf e Protokoll geschriwwen.

Mä dee Moment hat ech aner Suergen. Ech wousst, si géife mech plakeg ausdoen an dann ënnersichen. Ech hat awer nach zwou Bullen an de Strëmp stiechen.

No enger Zäit, wéi si gemierkt hunn, dass ech net géif fortlafen oder soss eng géif opféieren, hu se net méi sou gutt op mech opgepasst. Ech hunn de richtege Moment ofgewaart a gemat, wéi wann ech mech un de Bee géif krazen.

Onbemierkt konnt ech d'Bullen aus de Strëmp erauskropen. Ech souz bei enger Dier, déi opstoung, a meng eenzeg Chance wor, d'Bullen do hannendrun ze puchen. Et wor riskant, well ech net eleng am Büro wor, mä mat engem séiere Coup hunn ech et fäerdeg bruecht. Et hat keen eppes gemierkt.

No enger hallwer Stonn si mir an en anere Büro gefuer, wou ech duerchsicht gouf. Ausserdeem krut ech Fotoe gewisen, op deenen ech vläicht den Dealer géif erkennen. Ech sot, den Dealer wär net dobäi an ech wéiss och guer net, wéi e géif heeschen. Déi ganzen Zäit, wou mir do souzen, hat ech just nëmmen ee Gedanken: Hoffentlech hu se d'Bullen net fonnt!

Ech hat Chance a konnt no enger hallwer Stonn de Büro als fräie Mënsch verloossen. Am Lift sot de Polizist zu mir: „Wann ech mat dir eleng gewiescht wier, hätt ech der deng Bull erëmginn. Ech weess jo, dass de der elo jo dach wäerts Neies besuergen!"

Hien hat Recht an hat mech och nach op eng ganz verréckt Iddi bruecht.

Een Zock hat ech mer e Plang ausgeduecht, fir rëm u meng zwou verluere Bullen ze kommen.

Mam Virwand ech hätt meng Carte d'identité am éischte Büro léie gelooss, wollt ech erëm dohin zeréck. Da géif ech zwou Mënzen op de Buedem fale loossen an op der Sich duerno meng Bullen hannert der Dier erëm heemlech oprafen.

D'Mënz hat ech schonn am Grapp, mä ech hat Pech. De Büro, wou ech virdru souz, war zou. Ech hu misse virun der Dier waarden.

Mäi Plang war futsch!

Et war vläicht grad sou gutt, dass et net sou wäit koum. Wee weess, wat nach passéiert wär!

Glécklecherweis ass ni eppes nokomm.

Cha-cha-cha
CLAUDINE MUNO

Zwou Stonnen, ier d'Victoria verschwonnen ass, huet hatt nach Bass gespillt. D'Instrument louch fest u sengem platte Kierper an hatt hat de Rimm ugezunn, datt e gestremmt huet. Hatt hat bal keng Hëffen a säi Kierper stung ganz riicht am Buedem wéi iergendeppes, wat ganz riicht am Buedem steet. D'Police huet fir d'éischt un e Sexualmord geduecht. Vun engem Pedophilen, deen hätt wëllen e Bouf mëssbrauchen, an d'Victoria an der Hetz oder an der Däischtert verwiesselt hätt. Am Prinzip denke mir awer ëmmer un e Sexualverbriechen, huet den Haaptkommissär am Interview erkläert. Well mat all deene Mëllen, déi hautzedaags ronderëm lafen, wär alles méiglech. A wéi hien dat gesot huet, do huet hien dragekuckt, wéi wann en entweder genee oder guer net wéisst, vu wat hien amgaang wär ze schwätzen. Dofir hu se fir d'éischt den Terrain ronderëm de Rockstall ofgesicht, wou d'Victoria fir d'lescht mat senger Band „Pretty Lies" gespillt hat. Wësst Dir, sot den Haaptkommissär zum Direkter, datt dat e potentielle Sécherheetsrisiko ass, wéi se déi kilometerlaang Rallyespist bis zeréck op d'Strooss gefuer sinn. Dat musse mer alles duerchsichen, sot hien och nach, all Sandkoup an all Bulliskaul.

Pffft, huet den Haaptkommissär gemaach an de Kapp an d'Hänn geluecht, dat fanne mer ni. An der Schoul hunn se sech ëmfrot, ob ee wéisst, wou d'Victoria hi verschwonne wär. D'Léierpersonal hätt der Police gär gehollef, mee kee konnt eppes soen, well kee sech wierklech konnt drun erënneren, datt hatt jee do gewiescht wär. De SPOS sutz do an huet onglécklech dragekuckt. Huet et schonn eng Kéier geklaut? D'Psychologin huet de Kapp geréselt. Nö. Mat Messere gehandelt? Vläicht wollt et sech selwer eppes undinn? Si war entsat: Wéi soll ech dat da wëssen? Mir si scho beschäftegt genuch domadder, eis ëm déi ze këmmeren, déi aneren eppes wëllen undinn.

Pffft, huet den Haaptkommissär gemaach an de Kapp an d'Hänn geluecht, dat fanne mer ni. Seng Fréndinne vu ‚Pretty Lies' hunn d'Schëllere gehuewen. Ech weess, datt hatt sech wollt eng nei Täto- wéierung maache loossen, sot d'Lynn. Vläicht huet et dofir misse ganz wäit fort goen? Den Haaptkommissär huet sech Notte gehol. Tätowéierungen. D'Victoria hat eng onkoordinéiert Sammlung vu Billercher op sengen Äerm. E Villche lénks ënnert dem Ielebou, e Stär um rietsen Handgelenk an en Häerz do, wou Muskele sollte sinn, mee keng waren: Iwwert dem Häerz war eng Banderole an op där stung „Please insert your name here". Wee mécht dann engem 17-Jähregen Tätowéierungen? Wahrscheinlech ee ganz, ganz wäit ewech, sot d'Lynn an huet sech eng Zigarett ugefaang. Wär et méiglech, datt een hatt entféiert hätt? D'Chris, dat Batterie spillt, huet de Kapp geréselt: Nö. Hatt huet déck Muskele vum Bass-Spillen – do hätt et sech gewiert. Dat gëtt et dach guer net, sot den Haaptkommissär. Do huet d'Chris him de Bass ëmgehaangen a gesot: Da probéier mol. No fënnef Minutten huet e sech de Schweess vun der Stir gewëscht: Dir hutt se jo net méi all.

Also hat d'Victoria Muskelen, obwuel een se net gesinn huet. Logesch, sot d'Barbie, d'Sängerin, et huet ee seng Bréscht jo och net gesinn, an awer hat et der ... Ah sou, sot den Haaptkomissär. Yup, huet d'Barbie geäntwert, definitiv.

Dono huet den Haaptkommissär just nach misse mam Victoria sengen Eltere schwätzen. Déi hunn sech immens Suergen ëm den Haaptkommissär gemaach, well dee sou eng opgeféiert huet. D'Mamm huet him d'Hand op de Knéi geluecht. Et ass net gutt fir d'Kanner, sot si, wann een se sou erdréckt. An de Papp huet mam Kapp gewénkt. Hien ass Psycholog. Eréischt wann een eppes goe léisst an et kënnt erëm, da kann ee soen, datt et engem wierklech gehéiert. Den Haapt- kommissär huet d'Ae verdréint: Dat ass jo flott.

An der Tëschenzäit haten d'Polizisten all Sandkaul an all Bullis- koup ënnersicht a kee Victoria fonnt. Jo, huet ee vun de Polizisten er- kläert, mee mir hunn awer de Bommeleeër entdeckt an de Bin Laden. Just datt mer déi am Moment net sichen, sot den Injustizminister, also bréngt se rëm zeréck. Gott, wann een erausfënnt, datt mer e Meedche sichen an zwee Terroriste fannen, da gëtt gesot, mir hätte kee System.

Zwou Woche méi spéit gouf en eelere Mann verhaft, deen um Concert wéi verréckt an der éischter Rei gedanzt hat. E war ëm déi 75 Joer al a jiddweree war der Meenung, datt hie wuel misst e Kriminelle sinn. Hie sutz am Policebüro an huet gefrot: Firwat? An de Mann vun der Police sot, et wär jo awer normal, datt et komesch eriwwerkéim, wann een op engem Concert fir 17-Jähreger Cha-Cha-Cha danzt. Souguer den Haaptkommissär, dee soss ëmmer dee Verstännegen ass, huet mam Kapp gewénkt a gesot: Sou eppes muss ee sech kënnen ausrechnen.

Si sinn dem Mann nogaang bis heem an hu säin Haus duerchsicht. Gottseidank gëtt et hei kee Sandbulli a keng Kaulknuppen, duecht ee vun de Polizisten. Dat ass dat Desagreabelst, wann een no Läiche sicht. Awer si hunn näischt fonnt. Louche ware just déi genee 1.342 Poustere vu Rockmuseker un der Mauer, déi kräiz a quier hunge wéi d'Billercher um Victoria sengen Äerm. Hei misst een eng Kéier tapezéieren, duecht ee vun de Polizisten.

Grad wéi se wollten zur Dier erausgoen an den Haaptkommissär sot: Pfft, dat fanne mer ni, hu se vun iergendwou Musek héieren. Dat ass e Bass, huet den Haaptkommissär gejaut, dat kennen ech dach direkt erëm! Et kéint ee lo laang a breet beschreiwen, wéi hien a seng Polizisten nach eemol dem ale Mann säin Haus duerchsicht hunn, all d'Pousteren erofgerappt hunn, mee ech si bal um Enn vun der erlaabten Zeechenzuel ukomm, dofir iwwersprangen ech deen Deel einfach.

Op alle Fall hu si ënnert engem Koup knaschteger Wäsch en Hiewel fonnt, deen ee just huet missen ëmleeën, a wann een dann nach d',Horses-CD' vum Patti Smith aus dem Regal geholl an den anere Wee zeréckgestallt huet, da geet an der Bidden eng Klapp op an et kann een erof an e geheime Raum klammen.

Dat éischt wat den Haaptkommissär gesäit, wéi hien ënnen op der Leeder ukënnt, ass en ale Mann mat Krauselen, dee mat der Zong Gittar spillt. Hie kuckt d'Polizisten: Ech géif mat de Fangere spillen, mee et geet net méi. En hält seng zidderreg Hänn an d'Luucht. Zwee anerer sëtzen um Kanapee a kucken MTV. Eng eeler Fra, déi mat enger Fläsch Béier am Grapp um Buedem läit, jäizt an regelméissegen Ofstänn: „Haalt de Bak!" – obwuel guer keen eppes gesot huet.

Den ale Mann hieft d'Schëlleren: D'Janis. Et ass e Wonner, datt et nach lieft. Den Haaptkommissär huet d'Ae gerullt: Awer wierklech. De Polizist war duercherneen: Wie sinn déi Leit? Den ale Mann huet de Kapp gerëselt. Si hätten se vun de Pousteren dach direkt missten erëmkennen. Den Jimi Hendrix, d'Janis kennt der, de Stuart Sutcliffe, Brian Jones, Tim a Jeff Buckley. Den Haaptkommissär weist mam Fanger: An d'Victoria. Hatt sëtzt am Kurt Cobain sengem gesträifte Pullover um Teppech.

Wësst dir, sot den ale Mann, dir däerft mech net verhaften. Well ech maache guer näischt Schlëmmes mat hinnen. Et ass just, datt kee si sou gär huet wéi ech. An si wëssen dat.

De Muerd am Fuusselach*
ROGER MANDERSCHEID

[...]

e jonke kärel, 28, kantonjee vu beruff, hat seng heemlech freiesch, 26, e léift meedchen, duechter vun engem doléiner, dat, sou ass deemools gesponne ginn, e kand vun him erwaart huet, sonndes nomëttes, de 5. august 1888, wéi d'duerf ze soen eidel war, well déi zwéin duerf-veräiner hire joresausfluch op spa gemat hunn, an en ofgeleeëne, wëlle bësch bestallt, fir sech mat him, sou ass mol gesot ginn, iwwert d'jowuert vu sengen elteren fir d'houchzäit ze ënnerhalen, an do, am schiet vu schwaarzen hecken, erstach.

[...]

e meedercherskand, wéi dat deemools geheescht huet, am joer 1888, an dësem dierflechen hochsitz vun der moral, hätt fir déi béid, awer be-sonnesch fir d'meedchen, eng fierchterlech schan bedeit. em jong seng elteren, déi sech fir eppes besseres gehalen hunn, waren nämlech mat engem bestiednes vun hirem eenzege jong, engem „gemengebeamten", mat der duechter vun engem doléiner, engem „hongerlidder", wéi se sech sécherlech ausgedréckt hunn, net averstanen. déi béid jonk leit wieren, wa se de kuraasch opbruet hätten, d'kand, ouni sech ze bestue-den, op d'welt ze setzen an unzehuelen, vun den duerfagewuessenen alleguer, ouni ausnam, ënner dem patronaasch an den onermiddlechen encouragementer vun eiser här, esou veruecht a lénks leie gelooss ginn, datt e weiderliewen am duerfprisong engem liewenslänglechen, maso-schistesche gepisacks gläichkomm wier. [...]

déi schonn hallef zersate läich vum ongléckleche meedchen, vun deeër de märder de kapp erofgeschnidden hat, fir datt de kierper an déi enk foxenhiel gepasst huet, hu se, mëtt oktober, duerch en zoufall fonnt, un deem mäi grousspapp, wéi mäi papp ëmmer erzielt huet, och bedeelegt war. ee vun deenen, déi ronderëm stungen, *firwat net mäi grousspapp jang?* hat de fierschter opmierksam gemat op e schwaarm mécken, deen ouni paus do virun der fiels an der sonn giff danzen. wéi dunn de fierschter mat engem stéck aascht tëschent de steng eragestëppelt an dobäi eng binzeg rout fatz an zwee laang, blond hoer erausgezunn huet, war déi beschwéierlech sichaktioun endlech vum fleck komm. duerch d'duerf ass e schudderege kreesch gaangen: si hunn d'gréitche fonnt. – dee, vun deem all mënsch ugeholl huet, hie wier de mäerder, gouf owes verhaft, an de gronn gefouert, an deen anere muejen dem untersuchungsriichter prësentéiert. hien huet: neen, gesot. deen dag an all déi aner deeg duerno: neen, ech war et net, obschonn all indizien op hie gewisen hunn.

[...]

de prozess war spektakulär: den assisenhaff huet de kantonjee zu lieweslänglecher zwangsaarbecht verurteelt. *neen, ech war et net, neen, neen. dach du waars et. neen. dach. neen. dach, wéi dacks hunn ech mer als kand virgestallt, dee mann wier a wierklechkeet onschëlleg, wier – vläicht – zu onrecht agespaart ginn.* eng eeler fra, nach famillje mam monni vic, déi e kand erwaart an dofir amplaz an d'vesper ze goen, doheem hannert der stuffefënster sutz op d'stroos eraus ze kucken, déi eidel war, well d'leit bal alleguer mat op de veräinsausfluch waren, hat den ugeklote gesi laanscht hiert haus an de bësch goen, mat engem zesummegeknujelte sak ënnrem aarm. d'ausso vun dëser fra war fir den ausgank vum prozess entscheedend.

[...]

de mäerder huet ni agestanen, huet sech geckeg gestallt, wollt sech dräimol erhänken, huet ëmmer nees probéiert, nuets iwwert de prisongsdaach auszebriechen, ass awer regelméisseg agefaange ginn an no nëmme siwen oder aacht joer, mengen ech, am gronn gestuerwen.

„Auf Fetschenhof liegt er begraben,
zwischen anderen Namenlosen,
niemand hat Blumen auf sein Grab getragen."

dëse saz vum publizist tony jungblut fält mer ëmmer nees an, ech hat e fir d'éischt gelies am „Luxemburger Kalender", an deem, ech mengen

1939, den tony jungblut d'geschicht vum muerd am fuusselach veröf-fentlecht hat, an dësem kalenner hunn ech dacks, wann ech nees wéint enger krankheet am bett hu misse leien, mat genoss gelies. do hunn ech fir d'éischt nimm wéi péiter faber, batty weber, frantz clement begéint an hir texter gelies, déi mech opgereegt hunn. *dat war natierlech net 1939, mä méi spéit, wéi ech besser liese konnt, awer dee kalenner ass jo versuergt ginn, wéi gold, net wéint der litteratur, mä wéint der geschicht vum fuusselach.* ech hunn de kalenner nach haut. mat de joren huet e seng deckele verluer. d'fottoe vum jong a vum meedche bannen am kalenner kann ech nach haut net kucken, ouni datt d'schuddre mer de bockel eroflafen. ënner de fotoe stunge fiktiv nimm: johann fassbinder a margareta bell, och déi nimm, obschonn se aus der loft gegraff waren an näischt mat de richtegen aktören ze dinn haten, hu mech elektriséiert. wie war w i e r k l e c h schëlleg?

[...]

Bei eis an der Schoul gëtt et eng Joffer[*]
ROLAND MEYER

[…]

Bei eis an der Schoul gëtt et eng Joffer, déi huet Depressiounen. Där hir Kanner hunn et gutt. Déi mussen net vill léieren. D'Joffer feelt an engem Stéck. Da kënnt eng aner Joffer oder en anere Schoulmeeschter. Déi wëssen ni Bescheed, an da gëtt gemoolt oder gebastelt oder näischt gemaach.

Mee och wann d'Joffer mat den Depressiounen do ass, gëtt net vill geschafft. Meng Mamm seet, Depressiounen, dat wier eng Krankheet, an do missten déi Kanner da léif a brav mat hirer Joffer sinn. Ech wéilt, eis Joffer hätt och Depressiounen, da bräichte mir näischt ze léieren.

Depressiounen, ass dat eng ustiechend Krankheet? Wann neen, da kënnt ech jo e Samschdeg den Owend soen, ech hätt Depressiounen, a kënnt trotzdem mueres an d'Schoul.

Meng Mamm seet, wann een Depressiounen hätt, dann hätt een dacks keng Loscht fir eppes ze maachen.

Maja, dat hunn ech och!

Si seet, da wier een traureg an et ging een sech aleng fillen.

Dat hunn ech och!

Si seet, da kënnt een de Kapp oder de Bauch wéi kréien.

Kee Problem, dat hunn ech bal all Dag!

Si seet, da ging een ze vill oder ze mann iessen.

Ma ech iessen ze vill, also et schmaacht mir gutt, an ech iesse gär an dofir iessen ech ze vill.

Cool!

Ech kann e Samschdeg roueg léien, ech hätt Depressiounen, wëll vill vun deene Saache stëmme bei mir, da fält et och net op.

Mee ech sinn iewer frou, datt ech keng Depressiounen hunn :-)!

Déi Saach mat dienen Décken am *Bravo* léisst mir keng Rou! Ech gesinn iwwerall déck Leit, op der Strooss, an der Schoul, am Buttek, an der Schwämm, iwwerall, just keng an der Zeitung.

Wann d'Reporter vum *Bravo* Fotoe maache fir an hir Zeitung, schécken se dann déi Déck fir d'éischt aus dem Bild?

Ech hu beim Dr. Sommer gelies, datt d'Meedercher wëllen iwwer alles schwätzen, an datt d'Jongen hir Problemer éischter géingen „a sech erafriessen". Dat stëmmt bei mir zwar guer net! Éischtens schwätzt d'Ginette iwwerhaapt net mat mir, an zweetens friessen ech keng Problemer, mee Séissegkeeten a Pizzaen a mech eran.

Dat ass jo iewer wuel en Ënnerscheed.

Heiansdo stellen ech mir vir, wéi mäi Liewe ging verlafen, wann ech net déck wier. Dat Flottst wier dann, datt ech kéint immens vill iessen, well ech bräicht jo net opzepassen. Ech kéint da ganz cool Kleeder undoen, wéi déi dënn Jongen am *Bravo*. Dann hätt ech bestëmmt vill méi Kollegen, also richteg Kollegen, net esou eng, déi meng Mamm just esou nennt. Vläicht wier ech dann och net méi dien décken dommen Dudu ... dat wier schéin.

An da bräicht ech och net méi heemlech z'iessen :-)

[...]

Ech hunn dunn d'Joffer gefrot, ob een och am Modulär kënnt Psycholog ginn. Si huet gelaacht a gesot, dat wier méi schwéier.

Dat hunn ech net verstanen. D'Joffer hat zu menger Mamm gesot, ech wier domm a liddereg, dofir misst ech an de Modulär. Ech war net derbäi, mee meng Mamm huet mir et owes esou verzielt. Mee firwat muss ech dann an eng Schoul, wou et schwéier ass, Psycholog ze ginn, wann ech domm a liddereg sinn. Missten dann net grad déi Domm an eng Schoul geschéckt ginn, wou et liicht ass, e Beruff ze léieren an ze kréien? Firwat kréien déi Domm, déi et jo scho schwéier genuch an der Schoul hunn, och nach eng Schoul, wou et schwéier ass, e Beruff ze léieren?

????

D'Psychologin sot iewer, wann ech mech elo ging gutt dru ginn, da kënnt ech och nach Psycholog ginn.

Ech hunn hir iewer ofgesinn, datt si dat net esou gemengt huet.

Déi Grouss soen dacks Saachen, déi se net mengen. Dat ass mir scho méi laang opgefall. Ech weess net firwat, mee si soen zum Beispill, wann s du dech drugëss, kriss du gutt Prüfungen. Si wëssen iewer, datt ech mech net méi kann druginn, wéi ech mech druginn.

Si soen, wie gutt léiert, die kritt eng gutt Plaz. Ech léieren iewer net gutt. Si soen iewer ni, wien net gutt léiert, kritt eng schlecht Plaz oder guer keng.

Ech mengen, déi Grouss soen esou Saachen fir a Rou gelooss ze ginn.

Ech hunn elo um Fernseh gesinn, datt et vill Leit gëtt, déi guer keng Plaz hunn.

Dat muss dach flott fir si sinn. Mueres kënnen si laang schlofen, wann déi aner musse schaffe goen, gemittlech Kaffi drénken, e ganzen Dag doheem bei der Famill ... voll cool! Dat heescht ,arbeitslos', an d'Persoun ass e ,Chômeur'. Ech hunn elo e Film gesi mat lauter sou Chômeuren. Die war flott. Do hu se déi ganzen Zäit Futtball gespillt.

Ech hunn d'Psychologin du gefrot, wann et am Modulär esou schwéier wier, fir Psycholog ze ginn, ob een dann do méi einfach kéint fir Chômeur léieren.

Dunn huet si gesot, elo ging et duer goe mat de Froen, elo ginge mer eis Tester schéi brav maachen, esou domm Froen hätt si nach a kenger Klass gestallt kritt, dat hätt si net néideg.

[…]

Wie mengs de dass de bass?

PIR KREMER

Wann s du do kënns, liedergekleet,
da fills de dech „esou".
Wann och de Kostüm dir gutt geet,
de Kapp deen hues de zou.

't gesäit een dech meeschtens am Trapp
mat dem geschuer'ne Kapp.
Du bass stéits aus op Rapp a Klapp,
d'Auslänner hues d'um Napp.

Du lees dech mat de Friemen un,
eleng geet dir den Aasch.
Ma an der Band, do gees de drun,
do hues de da Kuraasch.

Wann ee sech guer net wiere kann,
schléiss du am léifsten dran.
Du mengs du wiers e Supermann,
du bass e Blödian.

Nuets mools d'un d'Wänn „Déi Friem eraus",
wie stécht do hannendrun?
Do ass dach iergendwou eng Laus
déi stellt dech Dabo un.

Du kanns kee Portugis gesinn,
keen Neger a kee Bier.
Da kuck emol deng Fiseminn,
vu wou staams du dann hier?

Wie war net alles an dem Land?
Wien huet net hei gekricht?
Geraaft, geschännt, gemurkst, verbrannt,
oder nom ... Gléck gesicht?

Schonn déi al Réimer waren hei,
d'Spuenier sinn ageréckt.
D'Fransousen, d'Preisen, an der Rei,
all hu se äis begléckt.

D'Éisträicher sinn hei agefall,
d'Hollänner koumen och.
De Yankee'en huet d'Land gefall,
't koum alles hei zum Zoch.

Vläicht stécht an dir Zigeinerblutt?
Et ass jo alles dran
däin Urgrousspapp war vläicht e Judd,
e Russ oder German.

Wann s du e Lëtzebuerger bass,
schwätz nëmmen net vu Rass,
well du bass dach, trotz dengem Pass,
e Mitschmatsch éischter Klass.

Looss dach deen domme Friemenhaass,
huel d'Saach dach wéi se ass,
an denk drun, dass d'eng Stonn vun hei
och schonn e Frieme bass.

Dem Luca säi Fest[*]
TANIA NASKANDY ALIAS GUY REWENIG

Et war guer net einfach, dem Luca säi Fest op d'Been ze kréien. Gitt bei eng Firma, sot d'Madame Rischard. Da braucht Dir Iech ëm näischt ze këmmeren. Déi maachen alles selwer, vun A bis Z. An déi hunn Erfarung. Déi si spezieliséiert op Kannergebuertsdeeg. Si bauen alles op a raumen alles nees of. Da geet dat piccobello iwwert d'Bühn. Mäi Fils schafft an esou enger Firma. Ech kéint jo mol bei him uklappen.

D'Firma huet mir en Devis geschéckt. Mir ass et weech ginn an de Knéien. E Verméige fir dräi Stonne Fest. Méi, wéi ech an engem ganze Mount verbrauchen. Ech hu laang iwwerluecht. De Luca huet säi Fest verdéngt. Hie soll net ze kuerz kommen. Déi aner Kanner aus der Crèche feieren och.

Da maache mer dat Ganzt am Gaart, sot den Här vun der Firma um Telefon. Muss dat sinn? hunn ech gefrot. Dat ass dach logesch, sot hien, bei deem Wieder. Mir sinn am Juli, da verkraucht ee sech dach net méi am Haus. A mir hu vill méi kreativ Méiglechkeeten am Gaart. Ech wollt net nofroen, wat hien domat gemengt huet, a sot: Ech hu kee Gaart. Ech wunnen an engem klengen Appartement. Dat ass dach iwwerhaapt kee Problem, sot hien. Da verleeë mir de Gaart an d'Appartement. Einfach e grousse Gaart an Äert klengt Appartement. Kanner sinn ëmmer léiwer am Gaart. An eise Gaart ass honnert Prozent Natur, dat kann ech Iech garantéieren. Do seet härno keen: Alles Imitatioun, alles synthetesche Bluff. Dat ass echt. Honnert Prozent echt.

Nän, dat gëtt ze deier, sot ech. Dat kann ech mir net leeschten. Also Standardprogramm, sot hien. De Clown, d'Animatioun, d'Dekoratioun, d'Schocklasmousse fir d'Kanner, Kuch a Kaffi fir déi Grouss. Ouni Gaart, also. Mat wivill Leit rechent Dir? Drësseg? Dat ass Standard. Also drësseg Leit.

D'Verbindung war fort, ier ech äntwere konnt. Ech hunn nach ni e Fest mat drësseg Leit gefeiert. Ech fäerten, d'Appartement ass dofir vill ze kleng. Da gëtt et esou enk, datt d'Kanner mol net méi rolze kënnen. Wa se gutt gefiddert ginn, brauche se net ze rolzen. A wann de Clown sech mat hinne beschäftegt, si se souwisou roueg. D'Firma huet mir versprach, souvill Schocklasmousse matzebréngen, datt d'Kanner sech härno net méi réiere kéinten. Ech muss laachen, wann ech mir dat virstellen. Lauter puppsat Kanner, déi um Buedem sëtzen an hir ronn Bäich unhalen. Déi Grouss sinn net esou wibbeleg. Do hunn ech keng Angscht.

Haut de Mueren ëm Véierel vir aacht koum d'Firma mam Material fir de Gebuertsdag. Ech hunn de Luca missen an d'Crèche féieren an duerno schaffe goen. D'Leit vun der Firma hunn d'Schlëssele vum Appartement gefrot. Ech wär léiwer op der Plaz bliwwen, mee et ass net gaang. Virun der Crèche stoungen d'Fraen an hunn duerch mech gekuckt. Keng sot *happy birthday* oder eppes an déi Richtung. Vläit war et och nach ze fréi. Vläit hu si sech nëmme verstallt a wollten de Luca eréisch nomëttes op sengem Fest iwwerraschen.

De ganze Mueren hunn ech mir de Kapp zerbrach: Wëssen déi iwwerhaapt, wéi si sech uleeë mussen? Fanne s'iwwerhaapt, wat se brauchen? D'elektresch Kabelen, zum Beispill? An d'Geschir fir den Zerwiss? Maacht Iech keng Gedanken, Madame Kramp, sot den Här Freilinger. Déi Leit hunn hiert Handwierk am Grëff. Déi man Iech näischt zum Onwee. Ech hat ganz vergiess, den Här Freilinger z'invitéieren. Hie sot: Kee Problem, ech hätt souwisou net kënne kommen. Awer ech hunn eppes fir d'Gebuertsdagskand. Hien huet mir eng Lokomotiv fir de Luca matginn. Eng kleng, aus Blech. Genee d'selwecht wéi d'Lokomotiv vun der sibirescher Eisebunn. Zéng Deeg muss se goen, sot den Här Freilinger. Dat soll de Luca sech mierken. Wéinstens zéng Deeg. Esou laang dauert d'Rees duerch Sibirien.

An? Ass alles an Ärem Sënn? freet de Clown. Hie gesäit zimlech vermoschtert aus. Iwwerall Flecken op sengem Kostüm. D'Gesiicht net uerdentlech maquilléiert. Virun allem d'Lëpsen hu ganz onregel-méisseg Ränner. Seng Paréck ass op enger Säit plattgedréckt. Hien houscht, ouni d'Hand virun de Mond ze halen. An hie stënkt no

Alkohol. Wësst Dir, wat bei lech hei de Virdeel ass? seet hien. Dir hutt iwwerhaapt keng Biller un de Maueren. Bei deenen anere Leit musse mir fir d'éischt emol d'Biller erofhuelen. Dat gëtt ëmmer gläich Zodi. Meeschtens sinn d'Biller scho bal mat der Mauer verschrauft. Da féieren d'Leit eng op. Déi helleg Biller! Mir däerfe se nëmme mat Händschen upaken. Bei lech ass dat eppes anescht. Keng Biller, kee Problem. Ass d'Dekoratioun esou an der Rei?

Si hunn elauter Fuesbännercher un d'Wänn gespéngelt. Vum Plafong hänken déck Déierekäpp aus Pobeier. Tigeren, Elefanten, Giraffen. Gutt, datt Dir hei kee Ventilator hutt, seet de Clown. Um Dësch läit eng giel Pobeiernapp. Si ass plazeweis schonn agerass. D'Saachen hu se net grad mat Léift opgebaut. D'Plastiksbecheren, d'Limonadsfläschen, de Kaffisautomat, de Marberkuch, alles steet duercherneen. An der Mëtt vum Dësch gesinn ech zwou riseg Schossele Schocklasmousse. Wou sinn d'Läffelen? froen ech. Plastik, seet de Clown. Hei an der Tut. Um Buedem tréllen zwou Dose faarweg Schaumgummiskëssen. Egal wéi dohinner gepucht. Ech bécke mech, fir s'uerdentlech a Reien ze tässelen. Net dru réckelen! seet de Clown. Dat bréngt näischt. D'Kanner maachen esouwisou alles duercherneen. Hunn ech lech schonn eis Animatricë virgestallt? D'Marylène, d'Jennifer. Si zerwéieren härno d'Kanner. Déi zwou Frae si gekleet ewéi Bonbonnièren. Grouss Pitsch aus roude Flätschen op de Käpp, mov Latexboxen. Si hunn enk, rosa Pulloveren un, hir Brëscht si vill ze vill gesträmmt. Wéini däerfe mir dann d'Gebuertsdagskand begréissen? freet de Clown.

De Luca huet sech a senger Kummer ënnert der Bettdecke vergruewen. Luca, dann hief dech! soen ech. Gläich kommen deng Gäscht. Du gëss jidderengem schéi propper d'Hand. Wéi mir dat geüübt hunn. Ech zéien d'Bettdecken ewech a leeën him d'Hand op de Kapp. Hie struewelt a werft sech hin an hier. Luca, du kënns elo! soen ech. Maach keng Männercher! Behuel dech! Et hëlleft näischt. Hie follegt net. Ech muss hien aus dem Bett rappen an eriwwer an de Living droen. Hie wiert sech ewéi wëll. Am Living fält hie mir bal op de Buedem. Trara! Trara! Trara! rifft de Clown. Hei ass e jo! Der Held des Tages! De Luca kraucht ënnert den Dësch a réiert sech net méi. Hien ass e bësse schei, soen ech. Hien ass et net gewinnt, datt esou vill Leit ronderëm hie sinn.

Da maache mir elo emol e bësse Spaass! seet de Clown. Hie setzt sech op d'Huppen a kroopt nom Luca. De Luca hält sech mat zwou Hänn um Dëschstempel un. Seng Fangerknéchele si ganz wäiss. Wou ass dann eise klenge Fäertert? seet de Clown. Hie schneit komesch Grimassen. Seng Zänn si schwaarz. Et ass schonn hallwer véier, seet de Clown. Wou bleiwen d'Leit? Hie kënnt bal net méi op vun den Huppen. Hie käicht.

Musek? freet de Clown. Da kommt Stimmung auf! Hie stécht en CD an d'Museksmaschinn. *Heute, lieber Egon, darfst du feiern! Mit Nudelsalat und mit Schokoeiern!* De Luca tuppt mam Kapp widdert den Dëschstempel. Firwat komme keng Gäscht? Si kënne sech dach net all verspéit hunn. Ech hunn hinnen dach ganz kloer eis Adress opgeschriwwen. D'Marylène an d'Jennifer kucke mech vun Zäit zu Zäit, wéi wann ech eng Verbriecherin wär. De Clown houscht sech bal d'Long aus dem Leif. D'Jennifer tippt SMSen op sengem Handy. D'Marylène läit de laange Wee um Kanapee a fierft sech d'Fangerneel. *Jetzt, lieber Egon, spielt die Tuba! Wir tanzen alle Babbaluba!*

Et schellt. Zwar ass et scho spéit, mee et huet geschellt. Kéint et sinn, datt ech déi falsch Auerzäit op d'Invitatioun geschriwwen hat? 16 Auer amplaz 15? Virun der Dier steet de Chef d'agence vu menger Bank. Net elo! soen ech. Elo geet et op kee Fall! Madame Kramp, mir hunn lech schonn zéngmol convoquéiert, Dir hutt ni reagéiert, seet hien. Ech muss elo dréngend mat lech schwätzen. De Luca feiert säi Gebuertsdag, soen ech, dobanne si wichteg Leit, ech hunn elo leider guer keng Zäit fir Iech! Gitt dovun aus, datt ech heibleiwen, bis mir alles geregelt hunn, seet hien. Ären Dossier schleeft elo schonn zéng Méint. Mir mussen eng Solutioun fannen. Wëllt Dir mengem Luca säi Gebuertsdag futtimaachen? jäizen ech. Hutt Dir keen Häerz am Leif? Wat huet de Luca mat Ärer Bank ze doen? Ech klaken him d'Dier op der Nues zou. Een Ablack ass et roueg. Da schellt hien nees. Ech maachen net méi op. Hie schellt nach dräimol. Dann héieren ech näischt méi. Wéini kënne mer dann endlech ufänken? rifft de Clown. Dir hutt eis fir dräi Stonne gebucht, elo ass schonn eng Stonn futsch.

Et schwätzt kee méi e Wuert am Living. Ass et lech net ze waarm? froen ech. Egal, seet de Clown. D'Marylène pëspert mam Jennifer. Si schwätzen iwwert mech. Si laachen a rëselen de Kapp. Dat gëtt haut näischt méi, seet de Clown. Är Gäscht sinn all am Stau stiechebliwwen. Hähähä! Gudde Witz, oder net? Da kënnt elo dee grousse Moment: La bouffe! Hien hëlt eng Schossel Schocklasmousse, stellt s'op de Buedem a jummt s'ënnert den Dësch, dem Luca virun d'Nues. An dräi Läffele fir d'Gebuertsdagskand! rifft de Clown. De Luca diebelt ee vun de Läf- felen, bis e brécht. Hey! Hey! rifft de Clown. Si mer queesch, Männi? Ass eis eng Laus iwwert d'Liewer gelaf?

Hien ass zevill opgereegt, soen ech. Hie kann elo näischt iessen. Wann ech gelift, dot Iech keen Zwang un. Huelt Iech esouvill, ewéi Dir wëllt. Déi zwee Schossel Schocklasmousse ass fir Iech. Et fënnt keen et fir néideg, merci ze soen. Awer si fale gläich iwwert d'Schossel hier. Dir hutt net zoufälleg Béier am Haus? freet de Clown. Béier beim Schockla? froen ech. Hähähä! Gudde Witz, oder net? seet hien. Luca, dann iess wéinstens eng kleng Portioun, soen ech. Eng Sprinsel nëmmen. Komm, mir feieren elo däi Gebuertsdag. Ech rëtschen op de Knéien ënnert den Dësch a wëll de Luca léifdrécken. Hie schléit mir mat der Fauscht widdert d'Broscht. Ech zappen dee wäisse Plastiks- läffel an d'Schossel. Kuck, Luca, wéi et denger Mamm schmaacht! Ech suckelen de Schockla ganz lues vum Läffel. De Luca kuckt net. Hien huet d'Äerm gekräizt viru sengem Gesiicht. Alles hat ein Ende, seet de Clown. Da misste mer esou lues ërem ofrappen. Et ass geschwë 6 Auer.

[...]

Kee Merci an näischt
JEMP SCHUSTER

Viru laanger Zäit, op d'mannst virun zweehonnert a siwe Joer, ass ee Bauer op sengem Heemwee laanscht een Hiwwel komm, wéi en eng Stëmmchen héieren huet ruffen: „Hëllef, hëllef mer." De Bauer huet ronderëm sech gekuckt, awer kee gesinn.

„Wee rifft do?", huet e gefrot, an d'Stëmm huet weider gepëspert: „Hei sinn ech, et ass ee Steen op mäi Réck gefall, ech kommen net méi eraus." De Bauer ass op den Hiwwel geklomm. Do louch een décke Steen op engem Lach am Buedem, an ënnert dem Steen war eng kleng Schlaang ageklemmt.

„Huel mer de Stee vum Réck", huet d'Schlaang gebiedelt, „ech kommen net méi eleng aus deem Lach eraus."

„Ech färten, du géifs mech bäissen", huet de Bauer gesot.

„Neen, ech bäissen dech bestëmmt net, huel mer dee Stee vum Réck, soss erstécken ech", huet d'Schlaang gekeimt.

De Bauer huet de Steen ewech geholl, an d'Schlaang ass aus dem Lach gefuer, a riicht op de Bauer duer. Se wollt e wierklech bäissen.

De Bauer ass hannerzech gesprong an huet gejaut: „Firwat méchs de dat?" D'Schlaang huet gezischt: „Well all gutt Dot mat enger schlechter Dot belount gëtt. Weess du dat dann net?"

„Neen", huet de Bauer geäntwert, „dat wosst ech net. An dat hunn ech och ni sou gehalen."

„Gutt", huet d'Schlaang gepëspert, „mir ginn ee froen. Wa mer ee begéinen, deen esou denkt ewéi s du, dann hues de Recht. Wann en awer esou denkt ewéi ech, dann duerf ech dech bäissen. Bass de domat averstanen?"

„Ech wëll", sot de Bauer, an en ass mat der Schlaang weider gezunn. Ënnerwee hunn s'een aalt schlammt Päerd begéint. Dat huet ganz schlëmm ausgesinn. Et war goureg, hat alles voll Blessen an Téitschen, an et war krank ewéi een Hond. Dat seet een esou, et war eigentlech éischter krank ewéi ee Päerd, a ganz eleng op der Welt.

„Lauschter, Frënd", huet de Bauer mam Päerd geschwat, „ech muss dech eppes froen. Wann een engem eppes Guddes deet, wat kritt een dann als Belounung?"

„Kee Merci kritt een dann, héchstens nach ee Fouss hannebäi", huet d'Päerd gejéimert. „Du gesäis jo, wéi et mir ergaangen ass. Ech hu mengem Meeschter jorelaang all Aarbecht ofgeholl, ech hunn e gedroe a geschleeft, an elo wou ech al sinn, elo kuckt kee méi no mer."

„Hues de dat héieren!", huet d'Schlaang gelaacht, „ech hat Recht. Elo duerf ech dech bäissen."

„Waart", huet de Bauer gesot, „eemol ass keemol. Mir froen nach een aneren." „Wéi s de wëlls", huet d'Schlaang geäntwert, „ech hunn Zäit. Fro nach roueg een zweeten. An duerno bäissen ech dech. Well ech Recht hunn."

Se hunn d'Päerd eleng gelooss a si weider gaang. Do sinn s'engem Schof begéint. De Bauer huet d'Schof datselwecht gefrot, an d'Schof huet geäntwert.

„Eng gutt Dot gëtt ëmmer mat enger schlechter belount. Kuck mech. Ech hu mengem Meeschter nach ëmmer nëmme Gutts gedoen. Ech ginn em Mëllech a Kéis. A wat mécht e mat mer? E schluecht mer meng Kanner a mécht Hämmelsbrot aus en. De Wanter schuert e mer meng Woll, fir sech eng warem Decken draus ze maachen. Mech awer léisst e plakeg dorëmmer lafen a mech erkalen. De Summer, wann et him warem genuch ass, léisst e mer mäi Pelz bis iwwert d'Ouere wuessen. Da schweessen ech mech futti. Awer dat ass him egal."

„Ech hu Recht, Bauer, elo bäissen ech dech", huet d'Schlaang gelaacht. Awer de Bauer wollt nach eng drëtte Kéier probéieren.

„Du hues zweemol gewonn, sot en zur Schlaang, „gëff mer eng lescht Chance. Wann ech dann nach eng Kéier Onrecht hunn, dann duerfs de mech bäissen."

D'Schlaang ass schonn ongedëlleg ginn, awer se huet dem Bauer déi drëtt Chance gelooss. Se war sécher, och déi Kéier Recht ze behalen.

Se si weider gaang. Do huet de Bauer vu wäitem e Fuuss gesinn. An eenzock ass ëm eng Iddi an de Kapp komm. Mat enger dommer

Ausried, e misst emol bis hannert d'Heck, huet en d'Schlaang eleng gelooss an ass dem Fuuss nogelaf.

„Lauschter Fuuss", sot en, „wat mengs du. Gëtt eng gutt Dot ëmmer mat enger schlechter belount? Oder kann dat och anescht sinn?"

„Dat kann net anescht sinn", huet de Fuuss geäntwert. „Ech hunn dat op jidde Fall nach ni erlieft."

„Da pass emol op", huet de Bauer weider geschwat. „Ech froen dech elo datselwecht, wann d'Schlaang derbäi ass. Wann s du mer dann äntwers, eng gutt Dot gëtt ëmmer mat enger gudder belount, da schenken ech der eng Dauf oder en Hunn oder eng Gäns. Wat s de wëlls." „Ech spille mat", huet de Fuuss geäntwert.

De Bauer ass hannescht bei d'Schlaang gaangen an e sot: „Ech hunn elo just de Fuuss dohannen erbléckst. Du weess jo, datt de Fuuss een onheemlecht gescheit Déier ass. Komm, mir ginn de Fuuss froen, wat hien derzou mengt."

D'Schlaang ass mat bei de Fuuss gekroch, an de Fuuss huet um Bauer seng Fro geäntwert: „Eng gutt Dot gëtt ëmmer mat enger gudder Dot belount. Dat ass dach normal. Firwat frees de mech esou eppes?" „Well dës Schlaang, där ech ënnert engem Steen erausgehollef hunn, mech bäisse wëllt."

De Fuuss huet d'Schlaang bekuckt a gemengt: „Ech si sécher, datt eng Schlaang vum selwen ënnert esou engem Steen erauskënnt. Déi brauch keen, deen er hëlleft."

„Et war awer een décke Steen", huet d'Schlaang protestéiert, „en hat mäi Lach ganz verstoppt. Ech konnt onméiglech vum selwen do erauskrauchen."

„Du litts", huet de Fuuss erëmgebaupst, „ech gleewen dir kee Wuert." „Da komm, ech weisen der et", huet d'Schlaang sech drugehal.

Se sinn zesumme bei der Schlaang hiert Buedemlach gaangen, an d'Schlaang huet dem Fuuss de Steen gewisen, deen den Agank blockéiert hat, a wou se drënner begruewe war.

De Fuuss huet nëmmen de Kapp gerëselt. „Esou eng déck Schlaang passt iwwerhaapt net an esou e klengt Lach. Du litts an engem Stéck."

„Dat do ass dach eng Frechheet", huet d'Schlaang sech geiergert. „Ech weisen der et." An d'Schlaang ass hannescht an d'Lach gekroch.

„Séier de Steen", huet de Fuuss geruff.

De Bauer huet de Steen op d'Lach geluecht, an d'Schlaang war agespaart. „Merci Fuuss", huet de Bauer vu Freed geruff, „dat do war eng gutt Dot. Ech soen der vill dausend Mol Merci."

„'t ass gär geschitt," sot de Fuuss, „vergiess nëmmen net, wat s de mer versprach has. „Ech weess", sot de Bauer, „komm den Owend bei mech heem op mäin Haff, da kriss de däi Loun. Eng Dauf, en Hunn oder eng Gäns. Wat s de wëlls."

Deeselwechten Owend ass de Fuuss op de Baurenhaff komm, awer de Bauer huet e mat zwee Honn a mat enger Schroutflënt emfaang: „Maach dech ewech hei, du ellent Déier", huet e gejaut, „soss geet et dir elo fir de Pelz."

De Fuuss huet de Schwanz bäigezunn, an en ass fortgelaf.

Fir sech huet en dat hei geduecht: „Se soen ëmmer, de Fuuss wier ee Luussert. Dës Kéier war de Bauer de Luussert. Déi Schlaang hat awer Recht. Eng gutt Dot gëtt ëmmer mat enger schlechter belount. Dat hunn ech haut als Fuuss geléiert. An ech wäert mer et verhalen."

D'Geld regéiert d'Welt
DËPPEGÉISSER

Mir sinn all sou houfreg eist Ländchen ass sou schéin
Mä kee Mënsch ass zefridden, si denke just un d'Spéin
Villäicht en décken Auto, eng Posch vum Witton's Lou
Dat ass näischt fir dee leiten, vu mir kritt dee kee Sou
An deenen bessere Kreesser, jo do parléiert een
Déi lëtzebuergesch Wierder, déi kennt net jiddereen
E Fliger ass en Avion a Moien heescht Bonjour
Se fuere mat der Voiture hunn d'Mammesprooch verluer
A wat hunn se un??

GutschiGutschiGutschi Arrmaanii
En neien Doft vum Bruno Bannaani
Kocko Schannell a Börberi
Doltschee ee Gabanna c'est pas mon style
GutschiGutschiGutschi Arrmaanii
Eng 1000 Euro Box vum @ Haardi
De Präis ass egal, d'Haaptsaach 't gefält
Well si mer éierlech, d'Geld regéiert d'Welt

Eng gutt gebootschte Gromper mat engem Läffel Brach
Do schuddert sech mäin Noper, deen huet e Stärekach
Sechs Autoen huet dee Kärel an zwee dovu mat Stär
Dofir huet seng Madämmchen hien trotzdem nach net gär
Op éischter Plaz seng Aarbecht, da kënnt d'Famill un d'Rei
Egal ob Fra, ob Kanner, dat Wichtegst ass dach d'Pai
Seng Al, déi ass gestrafft ginn, 't gesäit emol sou aus
Si kritt all Mount hir Sprëtzen, den Dokter kënnt an d'Haus
A wat huet en un??

GutschiGutschiGutschi Arrmaanii
En neien Doft vum Bruno Bannaani
Kocko Schannell a Börberi
Doltschee ee Gabanna c'est pas mon style
GutschiGutschiGutschi Arrmaanii
Eng 1000 Euro Box vum @ Haardi
De Präis ass egal, d'Haaptsaach 't gefält
Well si mer éierlech, d'Geld regéiert d'Welt

Ass d'Péng dann iwwerstanen, an d'Falen aus der Stir
Nach séier parfüméiert, do schellt et un der Dier
E flotte jonke Männchen, e Bild vun engem Mann
Dee kënnt si lo beglécken, well hiren net méi kann
A wat huet en un?

GutschiGutschiGutschi Arrmaanii
En neien Doft vum Bruno Bannaani
Kocko Schannell a Börberi
Doltschee ee Gabanna c'est pas mon style
GutschiGutschiGutschi Arrmaanii
Eng 1000 Euro Box vum @ Haardi
De Präis ass egal, d'Haaptsaach 't gefält
Well si mer éierlech, d'Geld regéiert d'Welt

kossovomoss
SERGE TONNAR

um lampertsbierg, um lampertsbierg
sinn och fei leit,
si wunnen hannert feine maueren,
tëscht de banken a wäit vun de baueren
déi beschte schoule ginn et hei
an och e büro vun der polizei
heielei, heielei,
vun der polizei

ech sinn net ze midd fir e klengt lidd
iwwert de site vun der elite
ech wunnen zwar zu miersch,
awer ech si vum lampertsbierg

déi gescheitst aus dem ganze land
kommen op de lampertsbierg gerannt
op technique oder classique
hei ass déi chicste clique an och de fric

awer uewen um roudebierg, direkt
nieft dem kur üniwersitäärr
do ass ewell e ghetto,
deen ass jo guer net elitäärr

eng kossovomoss am don bosco
sëtzt op der trap an et motzt do
souguer dofir ass keng plaz bei him doheem

eng kossovomoss am don bosco
sëtzt op der trap an et motzt do
souguer dofir ass keng plaz bei him am heem

6 quadratmeter pro famill an d'toiletten
um gank
tjo, mir hu keng plaz zevill, entschëllegt
de gestank
e klengt kand schléift, an en anert kräischt
a beim palamar, do gëtt et ee fir näischt

um fernseh leeft e video vun enger feier
virun 2 joer op der kockelscheier
wou si nach gedanzt, an och gegeckst hunn
an ech froe mech, wou d'leit hei ginn, wa se
loscht op sex hunn

eng kossovomoss am don bosco
sëtzt op de knéien an et botzt do
dat ass d'botzfra vun all de botzfraen

eng kossovomoss am don bosco
sëtzt op der trap an et motzt do
souguer dofir ass keng plaz bei him doheem

D'Kaya
GEORGES KIEFFER

Kaya bedeit Fräiheet op Jamaikanesch. Oder Léift? Oder Kampf? Et gleeft kee mir, wann ech soen, datt ech et net weess. Nach ni gewosst hunn. Et ass einfach e flott Wuert. Als Kand hunn ech Wierder gesammelt, Wierder, déi gutt geklongen hunn an iergendeppes Komesches u sech hunn – wéi Bataklang oder Balatum. Balatum hunn ech kannt, e louch um Buedem vun onsem Späicher. Bataklang net. Oder Corona: eng Corona Autoen iwwerhëlt mech elo. Elo weess ech wat Corona heescht, deemools net als klengt Kand. Ech hu mäi Kand net Corona, Bataklang oder Balatum genannt, mä Kaya. Ech kucken no, wat Kaya heescht, elo seet deen Numm mir näischt. Fënns du dat witzeg? Ech net. Well ech elo weess, wat ech deemools net wosst.

Dortmund 1980 am Summer. De Bob Marley ass endlech op der Bühn. Et ass seng lescht Tournee, ee vu senge leschte Concerten. Hie weess dat net, kann dat guer net wëssen. Dat Joer drop stierft hien u Bluttkriibs. War hien deemools scho gezeechent vu senger Krankheet, op senger leschter Tour? Ech weess et net, awer ech war derbäi: Et war sou waarm, datt extra Duschen installéiert goufen, fir sech ofzekillen – chill out, géif d'Kaya soen – Dullessen (mat Waasser gefëllte Loftbäll, fir deen, deen et net wéisst) fléien aus der Südkéier – mir si schliisslech an engem Futtballstadion – erof op de Wues, dee mat Plastiksbaatschen zougedeckt ass. D'Gras kreest. Jointen esou grouss wéi Frittentuten gi gezammert. Ech soen nee Merci, ech brauch dat net, de Marley live op der Bühn geet duer: seng Dreadlocks fléie ronderëm de Mikro – seng Schweesspärele glënneren ënnert der Festivalsbeliichtung, seng Stëmm krazeg wéi e Kueb, ganjageschwängert – och vläicht liicht ziddereg aus der Distanz? Superstëmmung trotzdem, trotz der Krankheet? De Marley gëtt alles, séngt sech d'Strass eraus, mécht mech frou. Woufir war hien deemools eigentlech net den Headliner? Woufir agequëtscht tëschent dem Commodore-Kitsch an de Cocains-Fleetwood Macs? Haut kann ech just Kaya soen.

D'Kaya krut net de Geescht vum Bob mat op de Wee. Oder dach? Fräiheet, Léift, Kampf? Op dem Schierm ass eng Bühn, d'Kaya kuckt op d'Bühn um Schierm. Well ech fueren, gesinn ech net, wat et sech eranzitt: e Schwäi wenzelt sech an engem amerikanesche Fändel, an deen de Batteur mat senge Bengele pickt, d'Spëtze vun den Drumsticks si schaarf wéi eng duerch d'Waasser gezunne Gillette. Ënnert dem Schwäi läit de Sänger, deem säi Mond d'Blutt vum Déier opsuckelt. Dobäi rennt hie mat de Féiss widdert de Gittarist, deem seng Gittar enger Motorsee gläicht. Ech verstinn net, wat de Bassist – oder zweete Sänger – an de Mikro huerelt, well d'Kaya de Kopfhörer ophuet. Et ass grad esou gutt, ech muss mech op d'Strooss konzentréieren, an den Auto ass nach am Rodage: Hightech, hannen ass eng Video-Computer-Console agebaut, déi d'Kaya drun hënnert, fir mat mir ze schwätzen.

Wat fir een Drot hunn ech zum Kaya? D'Kaya ass meng eenzeg Duechter, mäi Meedchen. Onst Meedchen. Meng Fra? Ass mat enger Frëndin op Cuba geflunn. Et war hir Iddi, fir getrennte Vakanzen ze maachen: meng Fra mam Irène op dem Fidel seng Insel, an ech mam Kaya op d'belsch Côte. Fir d'Papp-Duechter-Bezéiung auszebauen oder fir menger lass ze sinn? Wéi stinn ech zum Kaya? Sécher huet hatt sech net esou entwéckelt wéi ech wollt – awer grad dofir hunn ech et gär, well et sou anescht ass, e staarke Charakter huet a Charisma, dee mech jalous mécht. Jo, jalous. D'Kaya huet eréischt 15 Joer oder schonns 15 Joer. En Alter tëschent Kand an Erwuesseginn. Dem Nastasja Kinski seng Duechter ass der 15 a Fotomodell. Dat kéint d'Kaya och sinn: héich gebaut, virun zwee Joer richteg gebeemt, e käschtefaarwegen Teint, e léift Gesiicht, struwweleg Hoer an – mäi Gott, ass net direkt eppes Obszönes drun, wann e Papp de Kierperbau vu senger mannerjäreger Duechter beschreift? Neen, ech hat ni eng Gäns, wann ech hatt gebuet hunn oder him virum Schlofegoen e Kuss op de Bak ginn hunn. A jo, et ass mäin eegent Fleesch a Blutt, a wat géif ech maachen, wann him eppes geschéie géif?

Zäit fir eng Paus. E puer Kilometer viru Bréissel, ier de langwei-lege Ring kënnt. D'Kaya streckt sech, deet de Kopfhörer aus a fiert sech mat der rietser Hand duerch d'Hoer. Ech gesinn dat natierlech alles am Réckspigel an ech spieren, datt mäi Meedchen och eng Paus brauch:

„Déi Streck ass doudlangweileg. So Pappa, wéini maache mer eng Paus oder sou?"

„Elo gläich Kaya. Nach dräi Kilometer, da kënnt eng Aire de Repos, oder ech weess net, wéi se elei an der Belsch dofir soen. Jiddefalls sinn ech geriedert vun där Hëtzt, ech brauch e Kaffi an de Schiffodrom."

„Pappa, du schwätz wéi e Gaassebouf aus de 50er Joeren, oder esou, ech muss mech jo schummen, fir mech mat dir ze weisen! Awer ech géif mech och gäre frësch maachen."

„Frësch maachen? Ass den Ausdrock al oder nei? An huel Sue mat fir d'Madame Pipi, a looss dech net uquatsche vu luschen Typen!"

„Du bass wierklech fierchterlech almoudesch. Woufir hunn ech mech op dës Aventure mat dir iwwerhaapt agelooss? Eng Woch belsch Plage eleng mat mengem Papp, wéi intressant ... Hee, maach de Winker eraus, do kënnt eng Aire de Repos oder esou."

„Sief net sou frech. A firwat sees du ëmmer ‚oder esou', ass dat een neien Tick?"

Um Parking klemmen ech mech tëscht en Hollänner an en Dän. Mir klammen eraus, d'Kaya buerféiss mat zerlächerten Jeans an engem verschweesste Nirvana-T-Shirt; ech a mengem Fred-Perry-Polo, kakis Box an Turnschlappen. Ech drécken dem Kaya en Zwanzeger an de Grapp, hatt seet et muss direkt! Ech kucken him no, wéi et Richtung Toilette dänzelt. Ech sinn net deen Eenzegen: vun der Härentoilette kënnt en eeleren Här, rëselt d'Drëpse vu sengen Hänn, a kuckt dem Kaya op den Hënner; um Niewendësch päift en tätowéierte Muskelpak – e Routier? – duerch d'Zänn. Wat ass et: dat klengt oranget Bändchen ronderëm seng schmuel Hand sécher net. Ass et de Calvin-Klein-Heroin-Model-Look? Oder dem Kaya seng erfrëschend Natierlechkeet, wat keen ofgegraffent Wuert ass, well et gëtt och gekünstelt Natierlechkeet. Ech si frou mat menger Duechter, als Papp hunn ech dat Recht, denken ech.

„Oui, un Coca, un café, un steak-frites et une salade mixte."

D'Kaya kënnt bei mech un den Dësch.

„So, ech wollt e Jus a keng Cola."

„Soll ech dat dreemen? Da géi der ee sichen. A fënns du dat cool fir buerféiss ze scharwenzelen? A fléck d'Lächer an denger fatzeger Jeans, all Mënsch biicht der op den Aasch!"

„Pappa! Ech verstinn däi Lëtzebuergescht net. En plus, verstinn ech och net däi Kuddelmuddel vu Garderobe; e mauvë Polo bei enger kuerzer kakis Box! An Turnschlappen, fir Basket ze spillen? Wëlls du däin Alter erofspillen oder esou?"

„Këmmer dech ëm deng Kleeder. Du weess genee, wat ech mengen. Wann deng Mamm dech géif gesinn!"

„Meng Mamm hänkt elo op Cuba mam Irène oder sou. An ech gi mer elo e Jus sichen."

Wéi soll dës Mini-Vakanz mam Kaya ginn? Mir zwee eleng? D'Kaya kënnt zréck un den Dësch, säi fréschgepresste Jus kuckt iwwert de Plastiksbord, d'Kaya piddelt a senger Zalot.

„Ei, Vitaminen?"

„Wéi soll dës Mini-Vakanz gi mat dir, mir zwee eleng?"

„Wat weess ech? Hoffentlech léiss du mer meng Fräiheet, hoffentlech meckers du net déi ganzen Zäit, oder esou, u mir erëm!"

„Hues du iwwerhaapt deng Bicher?"

„Kloer, ech wäert máin Noexame scho packen, lee däi Kapp a Rou, Pappa!"

Ech hu gär, wann hatt Pappa seet. Ech hu gär, wéi hatt schwätzt, och wann ech him dat ni géif zouginn. Et géif och ni „schäiss" oder „houeren" Noexame soen, seng Sprooch ass méi propper wéi meng!

„Ech freeë mech awer, iergendwéi, du net?"

„Wat eng Fro: ech si jo net gefrot ginn, ech wollt jo eng Kolonie maachen – wat weess ech, e Reitatelier, campéiere goen, e Videoscours, Pantomim oder esou ... jee, eppes fir Jonker a mengem Alter, an net mat mengem Alen eng Woch an engem rëffegen Appartement op enger schmuddeleger Plage!"

„Oh, ons Joffer! An ech? Ech wier léiwer mat denger Mamm op Cuba geflunn, awer mer hunn dat esou ausgemaach, deng Schoul geet vir, an ech kann dir sécher bei dengem Noexamen an der Geo hëllefen!"

„Geschicht!"

„Oder Geschicht. Komm, mer maachen einfach dat Bescht draus!"

„Pappa, géi der eng zweet Taass Kaffi sichen, an da fuere mir. So, du waars jo nach guer net op däi Schiffodrom?"

„Ech si kee klengt Kand an ech ginn elo. Du hues nach d'Mënz an denger Täsch."

Zréck vun der Toilette. Meng Plaz ass net laang kal bliwwen, a gëtt elo vun engem bronggebrannten Typ besat, deen d'Kaya ouni laang ze zécken ubaggert. Mengem Meedche seng Hand heemelt d'Struwwelhoer, en Zeechen, datt hatt eppes vu mir wëllt.

„Pappa, dat elei ass de Jean-Michel aus dem Languedoc oder esou. Hie wëllt eriwwer an England op ee Rockfestival, an ech sot him, mir kéinte hie bis op Ostende mathuelen."

„Vergiess dat. Den Auto ass vollgelueden, mir hu keng Plaz!"

„Egal wat, hie kann dach nieft mir sëtzen!"

„Keng Fisematenten, mir ginn!"

D'Kaya léisst sech nach genësserlech dem Autostoppeur seng Adress op den Aarm schreiwen, ier et endlech opsteet, fir mat mir ze motzen. Dobausse schéngt nach ëmmer d'Sonn. Um Parking steet nach ëmmer den hollänneschen Auto nieft mengem. Awer den Dän ass fort, elo parkt e Lëtzebuerger do. Deen Auto misst emol gewäsch ginn, awer dat Schlëmmst ass de Pechert: „Nicht hupen, Fahrer träumt vom F.C. Bayern."

Mäi Fonds de commerce[*]
TANIA NASKANDY ALIAS GUY REWENIG

Meng Firma *Consol* huet sech séier en Numm gemaach. D'Leit wësse meng Leeschtungen ze schätzen. Dobäi kann ech vu *Leeschtung* am Fong guer net schwätzen. Ech gi bei d'Leit heem a ginn hinnen ze verstoen, datt ech si net stéiere wëll. Bei mir brauche si sech net ze verstellen. De Virdeel vu mengem Besuch ass, datt si eng Zäitchen net eleng sinn. Ech mengen awer, datt eppes anescht nach méi wichteg ass: ech schwätze mengem Client net dran. Hie brauch net ze fäerten, do kéim een him d'Levite liesen. Hie muss sech net ustrengen, fir e gudden Androck ze maachen. Ech si vu vireran op senger Säit. Dat heescht, ech respektéieren hien esou, wéi hien ass. Ech hunn näischt un him auszesetzen. An ech hidde mech, iergendeppes ze kritiséieren.

Ech brauch keng Instrumenter, fir ze schaffen. Ech schleefe kee Material an d'Haiser, keng Formulären, keng gescheit Bicher, keng Broschüre mat gudde Rotschléi. Ech komme mat eidelen Hänn. Rezepter hunn ech net ze bidden. Ech si keen, deen alles besser weess. Eigentlech wëll ech näischt wëssen iwwert d'Leit. Ech kucken net hannert hir Fassad. Wa si sech selwer eppes virspillen, däerfe si mir och eppes virspillen. Ech géif ni soen: Elo hunn ech dech duerchkuckt, dat ass dach alles nëmme Bluff! Erauszefannen, firwat d'Leit esou ginn, wéi s'um Enn sinn, gehéiert net zu menger Aarbecht. Ech sinn net do, fir al Wonnen opzerappen. Et kënnt fir mech och net a Fro, de Leit hir Illusiounen ze huelen. Dat ass Privatsaach, do mëschen ech mech net an. Géif ech ufänken nozefroen, z'analyséieren, opzedecken, kéim geschwënn eng Lawin gerullt, déi mech mat ewechrappe géif. Ech si kee Séilendokter, deen esou laang a Vulkaner stëppele geet, bis s'explodéieren.

Ech schaffen no engem einfache Prinzip: All Mënsch wëllt iescht geholl ginn. Mënschen, déi eleng sinn, zweiwelen op eemol drun, ob si iwwerhaapt nach liewen. Ech weise mengem Client, datt ech hien iescht huelen. An deene meeschte Fäll geet dat duer. Mäin zweete Prinzip heescht: All Mënsch ass schaarf drop, gelueft ze ginn. Wéinstens vun Zäit zu Zäit. Wa kee mech lueft, verléieren ech de Buedem ënnert de Féiss. Ech beschäftege mech mat Leit, dei süchteg no Luef sinn. Dat kréie si vu mir, dat kascht mech näischt. Si bezuele mech, fir gelueft ze ginn. Ech liewen dovun, aner Leit ze luewen. Net opfälleg, net mat déckem Geschläims, mee ganz diskret. Ech luewe si, andeems ech hinnen nolauschteren. Datt iwwerhaapt een hinnen nolauschtert, si kuckt, eng Weilche bei hinne bleift, ass fir si dat héchste Luef. Op där anerer Säit ass dat mäi *fonds de commerce*.

Dem Här Schammo hëllefen ech, Texter verbesseren. Ech hunn ni duerno gefrot, wat dat fir Texter sinn. Hie fillt sech e bësse schwaach an der Orthografie. „Du bas en dëcke Baaschtert an en dommen Tôpert", ass dat richteg esou?, freet den Här Schammo. Bal, soen ech. Wa mer *Topert* ouni Hittche schreiwen, *dëcken* ouni Trema a *bass* mat zwee *s*, ass alles korrekt. Den Här Schammo verbessert, dréckt säin Text eraus a stécht en an eng adresséiert Enveloppe. Op sengem Kichendësch leien Dosenden där fäerdeger Enveloppen. „Du hues leider nëmme Schäiss am Kapp, wat hues du an der Politick verluer?", geet dat?, freet den Här Schammo. Mir schwätze jo hei nach ëmmer vun der Orthografie, soen ech. Maja, seet hien. Da schreiwe mer *Kapp* mat zwee *p* a *Politik* ouni *ck*, soen ech.

Den Här Schammo ass e gutt Beispill dofir, wéi ech meng Aarbecht organiséieren. Hien ass zefridden, wann ech eemol d'Woch Schreiffee-ler mat him sichen. Dobäi loossen ech et dann och. Mir verléieren allen zwee kee Wuert iwwert de Sënn an den Zweck vu sengem Geschreifs. Ech sinn zimlech sécher, datt hien an engem Stéck anonym Bréiwer verschéckt. An zwar keen Zockerwaasser. Hien hëlt virun allem Po-litiker ënner Beschoss. „Ech hunn dech nees am Bordelle gesinn, du frommt Kâlef, wat seet dann den Här am Beichtstûl?", wivill Feeler?, freet den Här Schammo. *Bordell, Kallef, Beichtstull*, korrigéieren ech. Do wéisst ech scho gär, ëm wien et sech handelt. Mee dat verbäissen ech mir. Dat wär souzesoen eng *faute professionnelle grave*. Dofir blei-wen ech strikt um Terrain vun der Orthografie. An erklären dem Här Schammo, datt hie mat den Hittercher iwwerdreift.

D'Mercedesitis
RENÉ KARTHEISER

Virun dräi Joer ass an der Strooss, an där ech wunnen, onversinns eng ustiechend Krankheet ausgebrach. „D'Mercedesitis".

Wann ech mech gutt erënneren, war deen éischten deen dervu gepaakt gouf, e pensionnéierte Schoulmeeschter ... oder war et seng Fra?

Richteg, elo fält et mir erëm bäi.

Et war bei der Madamm Schoulmeeschter, wou sech d'Zeeche vun dëser Kränkt fir d'éischt gewisen hunn.

Wéi den Här Repper d'Pensioun krut, huet hie sech – äifreg wéi eis Schoulmeeschteren nun eemol sinn – no enger Beschäftegong ëmkuckt, fir seng Fräizäit kleng ze kréien.

Et ass him näischt Besseres agefall, wéi doheem de Stot ze maachen. Doduerch koum et, datt d'Madamm Repper och vun haut op muer virun der Pensioun stung.

An wann eng Fra net weess, wéi si den Dag soll doutschloen, dann ass d'Gefor grouss, datt si op déi konterbossegst Iddie kënnt.

An esou krut d'Madamm Repper „d'Mercedesitis".

Dës Kränkt besteet haaptsächlech doran, datt deen, deen dervu befall gëtt, e Bass u sech kritt, deen nëmme vergeet, wann hien, oder si, den „décken" Auto kritt, mat deem dann op d'mannst zwee- dräimol des Daags doruechter kutschéiert gëtt.

Der Madamm Repper hir Kränkt huet eng richteg Epidemie ausgeléist. D'Leit aus der ganzer Géigend goufen, een nom aneren, dervu gepaakt.

Ech war ee vun deene wéinegen, deen dervu verschount blouf. Et ass vläicht net ganz mäi Verdéngscht, mä dir wësst jo wéi et ass: E Staatsbeamten ass net esou déck do, datt hie sech all Moment kann eng nei Kränkt leeschten.

Mä déi Saach do huet béis u mir gewullt ...

Abee, zanter en etlech Deeg, weess ech wéi ech mech soll uleeë fir meng Revanche ze huelen.

Ech bréngen elo – wou alles erëm sou wäit roueg ass – ganz onversinns eng nei, eng italienesch Kränkt ënnert d'Leit: „D'Fiatitis".

Ech si fielsefest iwwerzeegt, dëse Virus schléit an ewéi eng Granat, well ech kann iech verroden „d'Fiatitis", huet eng ganz Rëtsch vu Virdeeler … Si brauch net vill Plaz, si schléit net esou an d'Mënz, a wat dat Wichtegst ass, d'Pecherten aus der Stad stinn der „Fiatitis" vill méi fréndlech géintiwwer wéi der „Mercedesitis", well si sech soen, datt et kleng Leit sinn, déi ënnert dëser Kränkt leiden. Géint „Mercedesitis" si si alleguerten allergesch, a wat dat bedeit, weess all Mënsch.

An nach eppes … Sollt ee vun iech sech fir „Fiatitis" entscheeden, da wier ech frou, wann e mir dat géif soen … Ech kréie Prozenter fir all neie Kranken.

(Wier et nëmme wouer!)

Kabeskapp
CLAUDINE MUNO

Eng Boomche gëtt moies waakreg an et kribbelt se eppes um Kapp. Dat wäert wuel den nidderträchtege Roff sinn, denkt se, mee uewen op der Schierbel fillt et sech kuerz a pickeg un: Wiisst mir éieren eng nei Parréck? Si béckt de Kapp virum Spigel a gesäit tëscht de wäissen Tutschen e puer kuerz gring Buuschte stoen.

Si geet bei den Dokter, mee deen huet vu sou enger Krankheet nach ni eppes héieren a schléit vir, se un e Spezialist an engem Land wäit, wäit ewech z'iwwerweisen, mat e bësse Chance wär et ewech, ees se iwwerhaapt ukéim.

Dat ass der Boomche fir hiren Alter awer ze ëmständlech a si kuckt um Heemwee léiwer nach beim Coiffeur eran. Mee dee rëselt just de Kapp, Madamm, wann der déi kleng Buuschte gär geschnidden hätt, da muss ech alles ewechsäbelen. Oh neen, d'Boomchen hat den zweete Weltkrich materlieft. Mat engem geschuerene Kapp duerch d'Géigend ze lafen, dat wollt se net.

Den anere Moie sinn déi gring Hoer bal ëm eng Fangerlängt gewuess. Wann dat esou weidergeet, denkt sech d'Boomchen, kann ech mech geschwënn net méi op d'Strooss trauen, geschueren oder net. Dat wär keen Drama u sech, well ausser wa se bei den Dokter oder bei de Coiffeur muss, geet si souwisou net virun d'Dier. Si huet keng Famill méi, d'Botzfra, déi samschdes kënnt an d'Kommissioune matbréngt, ass hir eenzeg Gesellschaft. Wéi déi moies um 10 Auer d'Viischtdier opdréckt, do erbléckst se d'Boomchen an der Kiche mat Tréinen an den Aen an engem Heed gringer Zalot um Kapp. Kuckt, wéi gesinn ech aus!

An iwwerraschenderweis ass et d'Botzfra, déi der Boomchen d'Gréngs erkläre kann. Well si huet fréier als Neurochirurg an engem nordgeorgesche Gehirfuerschungszentrum geschafft, a just ees

postkommunistesch Separatistegruppen de Kaukasus aus onbekannte
Grënn nuklear verseucht hunn, waren hir e puer där Fäll ënnerkomm.
A wat hunn ech dann elo, wëll d'Boomche wëssen, a wat kann een
dergéint maachen? Mee op déi Fro weess d'Botzfra aus verständleche
Grënn keng Äntwert: an der Wëssenschaft geet et fir d'éischt mol dröm,
sämtlech Phänomener opzezielen. Wann een se da bis erkläre kann, ass
et meeschtens schonn ze spéit. Dat huet d'Evolutioun esou arrangéiert:
well wann de Mënsch enges Daags sollt d'Evolutioun erëmkréien, dat
wär d'Enn vun der Welt.

Den Dag drop ass d'Boomchen dout, sou wéi och déi aner Leit,
deene fréier oder spéider eng Wiss aus dem Kapp komme wäert. Um
leschte Moien sinn der aler Fra tësch dem Gras lila Blummen opgaang.
Si leeën d'Boomchen an de Buedem a loossen d'Gesträich uewen zum
Buedem erauskucken.

Do wäerten se da bléien, soulaang een denke kann.

An zënterhier weess een, ëmmer wann ee moies fréi e puer gring
Fliichte gesäit aus der Kapphaut spréissen, dass engem seng Stonn
geschloen huet an et brauch ee weder den Dokter ze froen, nach de
Coiffeur.

Eng falsch Adress
NICO HELMINGER

Wéi onverhofft an d'Dréiaarbechte vun engem Film erageroden, stung ech an deem iwwerdimensionale Salon mat mengem Pak ënnert dem Aarm an hu mer d'Biller un de Maueren an d'Miwwel an och déi grouss Teppecher um Buedem ugekuckt, déi ausgesinn hunn, wéi wa se deen, deen drop trëppelt, direkt géife bestrofen. Gutt, Kamerae ware keng do, awer dee ganzen Interieur huet sou opulent an iwwerdriwwen deier gewierkt, datt ech mer gesot hunn, dat misst bal eng Kuliss sinn, well ech mer de Präis vun sou enger Ausstafféierung einfach net konnt ausmolen. War awer alles echt. Sou wéi d'Fra vum Haus, déi e bëssen drop tëscht chinesescher Vas an Art-déco-Kommoud hiren Optrëtt hat. Si huet op mech gekuckt wéi op e Miwwelstéck, dat zevill war an hirem Salon, dunn op d'Dingschtmeedchen, dat mech eragefouert hat, wéi wa si zu him wéilt soen: A wéi der Däiwel kënns du dozou, sou eppes wéi dien do hei eran ze loossen! Mat hirem Bléck hat si d'Meedchen, eng Kapverdianerin wuel, direkt verdriwwen.

– Also wierklech, sot si, wéi kënnt esou een un ons Adress?!

Beim Schwätzen huet si knapps de Mond opgemaach, an ech woussst net, ob dat en Ausdrock vun hirer Iwwerhieflechkeet war oder awer doru louch, datt hir Botox-Lëpsen einfach ze schwéier ware fir richteg schwätzen ze kënnen.

– E Kapverd! sot si, an et huet geklongen, wéi wa si ‚Kapp' op lëtzebuergesch a ‚gring' op franséisch géif ausschwätzen an dobäi mat Veruechtung un eng Zort muuschtegt Kabesheed denken.

– Et deet mer Leed, sot ech, dës Adress steet um Pak!

– E Pinheiro huet et hei nach ni ginn, sot si spatz, nodeems si nach emol op de Pak gekuckt hat, deen ech hir dohi gehal hunn, huet dobäi e Schratt zeréck gemaach, wéi wa si géif fäerten, vum Pak ugegraff ze ginn.

– Kann Äert Dingschtmeedchen eis net vläicht hëllefen? frot ech an hu probéiert, dobäi sou frëndlech ze bleiwe wéi méiglech.

– Wann Dir eraus gitt, da frot et, sot si kuerz gebonnen an huet mat der Hand op d'Dier gewisen, e Gest wéi dee vun enger Heeschefra.

Domat war eist Gespréich op en Enn. Ech hu mer nach emol séier de Salon ugekuckt mat deem grousse Kamäin an deenen nach méi grousse Fënsteren, mat deenen sou Härschafte wuel wëlle soen: Gesitt Dir, bei ons kënnt méi Luucht era wéi bei engem normale Stierflechen! Dann d'Terrass, d'Beem vum Park am Schnéi, eng Géigend wéi a Watt agepaakt.

– Gehuewene Lampertsbierg, seet de Sergio, deen ech uruffen, soubal ech dobausse sinn. D'Dingschtmeedchen, dat amgaang war, d'Trapen an der Entrée ze schruppen, konnt mer net weiderhëllefen.

De Sergio huet fir eng Organisatioun geschafft, déi sech fir auslännesch Aarbechter agesat huet, an ech duecht, hie kéint mer vläicht en Tipp ginn, wéi ech dee Pinheiro kéint fannen.

– Wat ass dann an deem Pak? freet hien.

– Weess ech och net, soen ech, an erzielen him da kuerz, wéi ech doru koum.

Ech war bei engem Kolleg zu Paräis op Besuch gewiescht, an do hat d'Concierge, mat där hie sech gutt verstan huet, soubal si gewuer gi war, datt ech Lëtzebuerger wier, mär ugebueden, hirem Koseng dee Pak matzehuelen. Dat wier vläicht méi einfach a méi séier, wéi wann si e misst schécken. Ech hat kee Problem domat, a si, och eng Kapverdianerin, huet op mech net den Androck gemaach, wéi wa si mär do Verbuedenes mat op de Wee kéint ginn, zemol och mäi Kolleg, wéi e sot, méi wéi honnertprozentegt Vertrauen a si hat.

Ech muss zouginn, datt ech, wéi ech virun deem aussergewéinlechen Haus um Lampertsbierg stung, gläich geduecht hunn, datt do wuel dach keng Kapverden dra géife wunnen. Wéi dunn d'Dingschtmeedche mer opgemaach huet, duecht ech, eppes Besseres beléiert ze ginn, gouf du vun der Madamm vum Haus rëm séier mat zwee Féiss op de Buedem geholl.

– Ech kucken, ob ech sou ee fannen, seet de Sergio, nodeems ech him de ganzen Numm um Pak buschtawéiert hunn.

Deen Dag drop rifft hie scho fréi un a seet, ee vu senge Mataarbechter géif sou ee kennen. Deen hätt allerdings eng ganz aner Adress. Mer kéinten awer mol zesummen dohi kucke goen. Hie seet mer och, datt, wann d'Famill am Ausland zwou Adressen huet, also déi vun doheem an déi vun der Aarbecht, et scho mol virkoum, datt d'Post un déi falsch goung.

– Huet eise Pinheiro vläicht bei deenen Härschafte geschafft?

– Keng Ahnung. Kéint sinn. Déi Damm war net gespréicheg, krut de Mond net richteg op!

Am spéide Muere fuere mer an de Garer Quartier. Ier mer an den Auto klammen, hält de Sergio eng Kéier de Pak bei d'Ouer a freet: Tickt et net do dran? An ech weess net, ob hie wierklech nëmmen de Geck mécht oder awer e bësse beonrouegt ass.

D'Adress, déi mer upeilen, ass déi vun engem Café, deen engem gewëssen Hannibal gehéiert, deen, sou de Sergio, scho mol gewarnt gi war, well hien Zëmmere verlount huet, déi net wierklech an der Rei waren.

De Café ass neigemaach, moudesch Luuchten, Flatscreen, himmel-bloe Kontuar. Den Hannibal ass net do, awer eng Fra, déi zerwéiert, seet eis, datt mer de Pinheiro vläicht uewe kéinte fannen. Dofir misste mer rëm raus an zum Säitenagank niewent dem Café an d'Haus eran.

Réischt wa mer rëm virun der Dier sinn, fält mer op, wat fir eng verkomme Brak d'Haus ëm de Café ass. Wéi wann an déi bréckleg Reschter vun engem ale Schapp e fonkelneie Bistro eragebaut gi wier. Niewent der zerschréipter Säitendier eng Rëtsch krëppleg dohi gepechte Schellen, am Gank Rëss un der Mauer a Flaatsche vu Fiichtegkeet, um Buedem Zeitungfatzen a Reklammen, um Plaffong eng flackreg Bir, schwaach, wéi mat enger Fettschicht iwwerzunn.

– Gott, ass dat kretinéis hei!, soen ech e bëssen haart.

– Has du gemengt, mir hätte Rendez-vous an engem Dräi-Stäre-Restaurant!, seet de Sergio.

Mer ginn duerch en Tunnel mat bekrozelte Maueren. Op eemol steet d'Fra, déi grad nach am Café zervéiert huet, virun eis, ass duerch iergendee Passage tësch Café a Gank eriwwerkomm a seet: Ech gi mat kucken!

Si geet vir, mécht eis opmierksam op e futtissen Träpplek an op d'Spläiteren am Glänner.

Am Eck niewent der Trap stinn e puer sténkeg Dreckskëschten.

E Gank aus Stëps a Rouscht a krankem Houschten.

Eng Rei Dieren, bal wéi an engem Prisong. Zëmmere wéi Zellen. Awer kee Gitter.

– Voilà, seet d'Fra a weist op eng Dier. Si wierkt onsécher, kuckt eis ëmmer nach skeptesch, schéngt sech selwer ze froen, ob si gutt dru gedon huet, eis heihin ze féieren. Huet wuel och gemierkt, datt mer eis net wuel fillen an deem Gank.

– Bom dia.

– Pinheiro.

– Mer hunn e Pak fir Iech.

D'Zëmmer ass enk, e Schlauch. Hannen eng Fënster mat Bléck op e Betongsblock. Elefantefaarwegt Maschinnelager. Muuschteg Maueren, muuschtege Mueren.

– Nee, seet de Pinheiro, dat sinn ech net, dat ass net fir mech.

– Sécher? froen ech.

Déi aner Säit um Gank geet eng Dier op.

E Schloff aus Terpetäin, Accra, Bacalau, Michael Jackson ‚Thriller'.

– Scho laang hei?, freet de Sergio de Pinheiro.

De Pinheiro schwätzt a kuerze Sätz. Alles um selwechten Toun. Wéi wann hien eppes géif opsoen, dat e schonn dausend Mol opgesot huet. Wéi wann hie wéilt soen: Ech hu laang genuch Hëllef gefrot, lo ass et mer egal. Iergendwéi geet dat alles mech näischt méi un. Iergendwéi ginn ech mech selwer näischt méi un. Eng kuerz Biografie, déi dach keen interesséiert. Krut alles geholl, Haus, Fra a Kanner. Keng Wierder méi. A jonke Joeren an Angola, fir mäi Land, an lo hei an engem Dortoir, deen nach manner daagt wéi dee bei der Arméi. Awer de Pak ass wierklech net fir mech.

E Gesiicht aus Spärholz.

Gebrache Plättercher, Spigel mat Flecken, eng al Tapéit als Déschelduch. E klenge Player, grellgring, e Boiler voller Kallek, eng Dusch, där d'Waasser feelt. Toalett um Gank, eng fir 12 Leit, déi der a Wierklechkeet zwanzeg sinn. Déi zweet Toalett hannenaus ugebaut, am Wanter zougefruer.

– Anerer hei sinn op nach méi enke Plazen doheem!

Ee schléift am Buedzëmmer. Iwwert der Bidden.

Zëmmeren aus kromme Laten a Bakelit, Deeg aus groem Drot.

– Mëttes tëscht eng an dräi gesinn ech d'Sonn, am Summer.

Deen aus dem aneren Zëmmer geet laanscht, aner Aen, déiselwecht Péng.

– Da gi mer alt rëm, seet de Sergio a kuckt sech nach emol de Gank un, rëselt de Kapp.

– An deen Hannibal freet bestëmmt 300 Euro fir e sou e Schloff!, seet hien.

Schlofschloff. Ongemittleche Juck. Provisorium fir d'Liewen. Am hallef Däischteren, am Duerchzoch, am Koméidi, am Geroch vun Zigaretten a Mazout, Muuschtrëff un de Maueren, geféierlech Stroumkabelen, ugefaulten Holzverkleedungen, Häip fir Ausgestoussener, Angschtbunker, e Gebai aus béisen Dreem.

De Pinheiro huet d'Dier zougezunn. Et ass zimlech däischter a mer taaschten eis op d'Trap zou.

– An dat nennen se da wunnen!, seet de Sergio.

– Eise Pak si mer zwar net lass ginn, soen ech, awer fir näischt ware mer net hei!

– Nee, seet de Sergio, do hues de Recht. Do kënnt eppes no!

Dobausse blent eis d'Sonn a mer brauchen ee Moment, ier mer eis un déi vill Luucht gewinnt hunn.

Da gesinn ech, wéi d'Fra aus dem Café vum Eck vun der Fënster aus eis nokuckt, ëmmer nach skeptesch, wéi mer schéngt. Si huet den Handy beim Ouer a fänkt un, opgereegt ze schwätzen …

Lëtzebuerg
POUTTY STEIN

’t ass net d’Mier mat senge Schëffer,
Net d’Gebierg mat Schnéi an Äis,
’t ass keen éiweg bloen Himmel,
’t ass och sécher kee Paräis ...

’t ass e Ländchen tëschent Länner,
’t ass eng Stiedchen an e Gaart,
An eng Schmelz a soss näischt weider –
Mä am ganzen dach apaart.

’t ass eng Stiedche voll Erzieles,
Iwwer dausend Jor schonn al,
Déi bis haut an duerch all Zäiten
Ëmmer héich de Kapp gehal.

Niewent Reschter vu Bastiounen,
Ale Puerten, alen Tier,
Neie Geescht a weide Gaassen,
Loft a Liicht vru jidd Hausdier.

’t ass eng Festong voller Blummen,
Voller Gréngs a voller Sonn,
Fräie Gank a fräi Gedanken,
Fräit Gespréich op jiddfer Monn.

A ronderëmmer bis un d’Grenzen
D’ganzegt Ländchen nur ee Gaart.
Räich u Schéinheet an un Aarbecht,
Land a Leit vu guddem Aart.

’t ass eng Plaz fir nozedenken.
’t gëtt keng schéiner op der Welt:
’t ass am klengen eng grouss Léisong
Déi jidd gruedem Mënsch gefält.

Eng kleng Hëllef fir korrekt Lëtzebuergesch ze schreiwen
JEFF BADEN[*]

D'VOKALER <I>,< U>, <O>,< A>

Wann déi Vokaler

- virun engem eenzege Konsonant laang ausgeschwat ginn,

  da gi se nëmmen eng Kéier geschriwwen: *al, Apel, Drot, Kap*

- viru méi Konsonante laang ausgeschwat ginn, da gi se verduebelt:

  Kiischt, Duuscht, riicht, Sprooch

- kuerz ausgeschwat ginn, da schreiwe mer hannendrun zwee oder méi Konsonanten:

  ginn, Spill, flott, Kapp

  Ausnahme sinn allerdéngs d'Personalpronomen (him), d'Partikelwierder

  (an, am, mam, eran), d'Virsilben *(an-, on-, op-)* a friem Wierder *(Bus, Job)*.

DE VOKAL <E>

Dëse Vokal huet véier verschidde Schreifweisen, jee nodeem wéi en ausgeschwat gëtt:

1. <e>

- kuerz, onbetount: *Apel, bleiwen, elo, gesinn*
- kuerz, op, betount: *Blech, Decken, hell, kleng*
- kuerz, op, onbetount: *Hotel, Modell, Samett, entscheeden*

Wann dee Laut vun engem <a>, <o>, <ä> oder <ö> hierkënnt, da gëtt en <ä> geschriwwen:

  Fräsch, Schwämm, Schärp.

2. <é> kuerz, hallef op, betount

De lëtzebuergeschen <é> kléngt ni wéi de franséischen <é>, well fir dee Laut steet den <ee>.

  Den Accent steet prinzipiell och nëmmen an enger betounter Silb: *blénken, drécken,*

  Schwéngchen, sécherlech.

Virun <ch>, <chs>, <ck>, <ng>, <nk>, <x> steet en <é> an ni en <ë>:

sécher, brécht, strécken, flénk, féx.

Ouni Accent si virun allem d'Pronomen: *ech, mech, meng, ... ,*

mee och déi onbetounte Silben: *Aarbecht, Kinnek, Leideleng.*

3. <ë> kuerz, déif, betount

Dëse Laut kléngt wéi de kuerzen däitschen <ö> a kritt säin Trema prinzipiell nëmmen an enger betounter Silb: *Bësch, Dëppen, fënnef, wëllen.*

Ausnahme sinn d'Artikelen (*den, dem*), d'Pronomen (*em, en, es, et, se*), d'Negatioun *net* an d'Prepositioun *ze*.

4. <ee> laang, betount oder onbetount

Gëtt de Vokal <e> laang ausgeschwat, da schreiwe mer dëse Vokal (am Géigesaz zu deenen anere Vokaler) am Lëtzebuergeschen duebel, och wann nëmmen ee Konsonant hannendru kënnt: *Been, Reen, meeschtens, Keess.*

Ausnahme sinn eng Rei friem Wieder, déi mir esou iwwerhuelen: *Demokratie, Alphabet, wesentlech, trotzdem.*

D'DIPHTONGEN AN D'RËTSCHLAUTER

Am Lëtzebuergesche gëtt et typesch Diphtongen (<oi>, <ou>, <ei>, <éi>, <ai>, <äi>, <au>) a Rëtschlauter (<ie>, <ue>, <äe>), déi et zum Deel esou an anere Sproochen net gëtt:

Diphtongen

<oi> *Moien* (mee: *Europa, Rheuma*)

<ou> *Brout, Loun, Schoul*

<ei> *Weier, keimen, Leit*

<éi> *Déier, séier, léinen, Schéier*

<ai> *Mais* (Mais, Mäuse), *Haiser, Gebai* (däitsche Stamm <a> oder <au>)

<äi> *Wäin, läit, näischt*

<au> *lauschteren, faul, maulen*

- Den **däitsche laangen <ie>** gëtt am Prinzip net geschriwwen: *schif, Betrib, liicht.* Ausnahme sinn déi däitsch Wierder, bei deenen direkt nom <ie> en <r> steet: *Nieren, Regierung, schmieren, schwiereg.*

- **Rëtschlauter** (<ie>, <ue>, <äe>)
Den <ie> virum <r> gëtt ëmmer geschriwwen, wa méi Konsonanten dono kommen: *Tuerm, Kierch, hiert Schierteg* (mee: *hire Mantel*), *äert Meedchen* (mee: *äre Bouf*).

- Bei ville Wierder muss op d'Däitsch gekuckt ginn (wann den <ir> oder den <ur> och am däitsche Wuert virkënnt an direkt nom <r> kee weidere Konsonant steet):

dir (dir), mee: *Dier* (Tür), *Bir* (Birne), mee: *Bier* (Bär, Beere, Bahre), *mir* (mir), mee: *Mier* (Meer, Mähre).

D'KONSONANTEN

Mir schreiwen den <v> an den <f> nom däitsche Schrëftbild: *Fësch, Nerv, fir* (für), *vir* (vor) an och d'Schlusskonsonante riichte sech am Prinzip no der däitscher Schreifweis:
Daach (Dach)*, Dag* (Tag)*, Bierg, Rad* (Rad), *Rat* (Ratte), *Bréif, Léiw* (Löwe), *Zopp, Stëbs*.
Ass allerdéngs eng Ofleedung vum däitsche Schrëftbild net méiglech, da schreiwe mer anstatt <w> en <f>, <b> en <p>, <d> en <t> (*Bouf, Krop, dat* (das)).
Ännert de Konsonant beim Schwätzen, da gëtt gemengerhand esou geschriwwen, wéi geschwat gëtt: *e Bréif – vill Bréiwer, du schreifs – ech schreiwen*.
De Wuertstamm gëtt respektéiert, wa bei Wierder mat dueblem Konsonant duerch d'Veränderung vum Wuert en drëtte Konsonant dobäikënnt: *Famill / Familljen*, *hallef / hallwer*.
Am Wuert schreiwe mer <g>, wann dee Buschtaf och am Däitsche steet:
Fliger, Spigel, Jugend, Kugel.
Allerdéngs gëtt aus dem däitschen

- <-ig> en <-eg> (*bëlleg, hongereg*)
- <-lich> en <-lech> (*endlech, frëndlech*)

an um Enn vum Wuert schreiwe mer och <ch> aplaz vum däitsche <g>, wann d'Silb kuerz a betount ass (*ewech* (weg), *Zuch* (Zug)).
Den <ß> an den <jh> gëtt et an eiser Schreifweis net: *Faass, naass, Jemp, just*.
De stommen <h> gëtt net geschriwwen: *Weier, léinen, Méi*. Nëmme wann dat däitscht Wuert iwwerholl gëtt, bleift e stoen: *Föhn, Bühn, Sehn*.

DÉI SOUGENANNT „EIFELER REGEL" ODER N-REGEL

Den <n> gëtt um Enn vun engem Wuert (oder an zesummegesate Wierder: *Damme[]schong*) net geschriwwen, wann e wéinst dem Ufankskonsonant vum nächste Wuert net ausgeschwat gëtt (och net wann dat eng Zuel ass: *de[] 4. Mee*).
Den <n> bleift deemno am Prinzip nëmme viru Wierder erhalen, déi ufänke mat engem Vokal <i>, <u>, <e>, <o>, <a> (an deenen hiren Ëm- an Duebellauter), engem <y> (wann nom <y> e Konsonant steet) oder mat <d>, <h>, <n>, <t>, <z>: *keen Ierger, den Ufank, en Eemer, den Osten, mir sinn all do, den Yves, den Dag, däin Haus, den Neie Lycée, en Tuerm, den Zuch*.
Virun de Sazzeechen, um Enn vun engem Numm oder Vers bleift den <n> och erhalen.

Virun de Wierder <si>, <se>, <sech>, <säin> an <sou> ass den <n> fakultativ: *ech sinn / si*[] *sou midd.*

D'VERBEN

Beim Konjugéiere vun de Verbe gi mer vum lëtzebuergeschen Infinitivstamm aus:

falen – ech falen – du fäls – hatt fält, fannen – ech fannen – du fënns – hie fënnt

D'Verduebelungsregel vun de Vokaler viru méi Konsonate gëllt awer och hei:

molen – du mools – hie moolt, otmen – ech ootmen – mir ootmen.

FRIEM WIERDER

Am Prinzip behalen dës Wierder hir Schreifweis: *Camion, Dossier, Theater, Ficelle.*

Allerdéngs sinn eng Parti dovunner esou staark agebiergert, datt se eng lëtzebuergesch Schreifweis kréien: *Diwwi, Jelli, Schantjen, Téik.*

Déi franséisch Endungen (-s, -es an -x) gi grondsätzlech durch déi lëtzebuergesch Endungen <–en> an <–er> ersat: *zwou Avenuen, véier Camionen, schéi Bijouen, nei Tariffer.*

Wann ee wéinst der Eifeler Regel tëscht Singular a Plural oder männlech a weiblech verwiessele kéint, gëtt en Trema gesat: *d'Poubellë ginn eidel gemaach, vill Enseignantë sinn do.* Zesummegesate Wierder kréien am Plural Trait-d'unionen: *ee Chargé de cours, méi Chargé-de-coursen.*

Iwwerdeems mer a franséische Wierder den <é> nëmmen an der Endsilb schreiwen (*de Resumé*), behale mer awer den <è> (*d'Barrière*) an den <^> (*d'Boîte*) ëmmer bäi.

Dës bewosst ganz kuerz praktesch orientéiert Aféierung an déi offiziell Lëtzebuerger Orthographie berifft sech op dat groussherzoglecht Reglement vum 30. Juli 1999 (Mémorial A- N° 112 vum 11/08/1999; http://www.legilux.public.lu/leg/a/archives/1999/0112/a112.pdf#page=2), d'Recommandatiounen, déi nach dono vum CPLL ausgeschafft goufen an huet op kee Fall den Usproch, komplett ze sinn, mee soll just eng éischt Orientéierung ginn.

Se baséiert a verweist fir weider Präzisiounen op:

– „Eng kleng Hëllef fir Lëtzebuergesch ze schreiwen",

N° spécial du Courrier de l'ÉducationNationale, Janvier 2001

– „Grammaire vun der Lëtzebuerger Sprooch", MENFP, 2005

– „D'Lëtzebuerger Verben", MENFP, 2005

– „Eis Sprooch richteg schreiwen", Josy Braun, [18]2013

* De Jeff Baden (*1959) ass Philolog an Enseignant fir Lëtzebuerger Sprooch, Literatur a Kultur am *Institut national des langues* (INL).

Kurzbiographië vun den Auteuren*

ALAIN ATTEN (*1938)

Den A. A. huet als Archivar am Lëtzebuerger Nationalarchiv geschafft. Zënter den 1960er Joren huet en e sëlleche Beiträg iwwert d'Landes- an d'Lokalgeschicht an zur Linguistik a verschiddenen Zäitschrëfte publizéiert. De Schwéierpunkt vu senger Aarbecht läit op der Dokumentatioun an dem Erhale vu regionale Sproochvarianten. Säi literarescht Schaffen ass enk mat sengem linguisteschen an historeschen Interessi verknäppt. En huet den Text zur Geschicht De *Klëppelkriich a Biller*, mat Illustratioune vum Marcel Scheidweiler, geschriwwen. En ass virun allem als Duerftheaterauteur bekannt, hien huet ë. a. *D'Jonggesellekëscht* (1983), *Polferkäpp* (1991) geschriwwen.

LUCIEN BLAU (*1953)

De L. B. huet Geschicht enseignéiert. Seng wëssenschaftlech Bäiträg a verschiddene Bicher an Zeitungen befaasse sech mam Nationalsozialismus, der Resistenz, dem Antisemitismus an dem Rietsradikalismus. Den zweete Schwéierpunkt vu sengem Interessi ass d'Industrie- an d'Sozialgeschicht vun der Stad Diddeleng. Hien huet zwee autobiographesch Bänn mat Geschichte publizéiert: *Mam Schucos-Auto an den Zinema Royal* (2007) verzielt Kannererliefnesser a *Mat der Döschewo bei de Mao Tse-Tung* (2013) beschreift Jugenderfahrungen an d'Zäit vum politeschen Engagement.

JOSY BRAUN (1938-2012)

De J. B. huet fir d'lescht beim *Tageblatt* als Journalist geschafft, e war Rezensent, Kulturkritiker a Schrëftsteller. An den 1960er Joren huet e mat Gedichter op Däitsch a Kuerzerzielungen ugefaang, ier e sech un den dramatesche Genre ginn huet a virun allem op Lëtzebuergesch geschriwwen huet: Theaterstécker, Cabaret, Gedichter, Prosa an ë. a. och Kriminalromaner. Säi *Porto fir d'Affekoten* (1997) ass deen éischte Krimi op Lëtzebuergesch. Als Kanner- a Jugendbuchauteur sinn dem J. B. déi tëschemënschlech Bezéiungen an déi humanistesch Idealer wichteg. De J. B. huet sech fir d'Fleeg an d'Verbreedung vum Lëtzebuergeschen agesat. Hien huet dozou ë. a. och säi klengt Léierbuch *Eis Sprooch richteg schreiwen* (1986-2013; 18 Oploen) erausginn.

NICO BRETTNER (*1974)

Den N. B. ass Informatiker. Hie schreift an illustréiert Kanner- a Jugendbicher op Lëtzebuergesch ë. a. *Wie spillt mat?* (2008), *Lëtzebuerger Volleksmärercher a Seechen* (2009). 2013 huet hien de Roman *Eng Hacker Geschicht* an dat zweesproochegt Buch *Mäerchebësch* publizéiert. *Mäerchebësch* ass gratis iwwert d'Nationalbibliothéik als eBook ze kréien.

CATHY CLEMENT (*1979)

D'C. C. schafft als Krankeschwëster. Si huet dräi

189

Jugendromaner op Lëtzebuergesch an op Däitsch veröffentlecht, an deene si d'Ängschten an déi jugendlech Liewensweise vu Meedercher um Iwwergank an d'Erwuessenewelt beschreift an dobäi déi klengbiergerlech lëtzebuergesch Mentalitéit kritiséiert. Hiren Debutroman *Aleng* huet d'Schrëftstellerin mat 16 Joer geschriwwen. Drogen, Alkohol, Schwangerschaft, Familljen- a Schoulkonflikter souwéi d'Adoleszenz-Kultur vun den 1990er Jore sinn hir Haaptthemen. Déi formal Diversitéit (Dagebuch, Gedichter, Zeechnungen) vun den Texter ass charak-teristesch fir hiert Schreiwen.

LUCIEN CZUGA (*1954)

De L. C. schafft zënter 1980 an der Publicitéitsbranche. Als Comic-Szenarist ass hie ganz bekannt duerch d'Serie *De Pechert* an *De Superjhemp* (27 Bänn vun 1988 bis 2013), déi en zesumme mam Cartoonist Roger Leiner veröffentlecht.

DËPPEGÉISSER

Den *Dëppegéisser* als Beruff ass haut ausgestuerwen. En huet seng Déngschtleeschtunge vun Dier zu Dier ugebueden. Haut erënnert d'Musekgrupp *Dëppegéisser* un dëst alt Handwierk. Zënter 2005 probéieren déi zwee Bridder Luc (*1978) a Michel Guillaume (*1982) mat Musek, Witz a Charme hire Public z'ënnerhalen. Begleet ginn déi zwee vum Laurent Peters a Bub Leick. Mat eegenen Texter an hirer Mammesproch jongléieren si mat Klischeeën an Anekdoten aus dem alldeegleche Liewen, mä huelen sech selwer dobäi net allze eescht.

CHRISTIANE EHLINGER (*1947)

D'Ch. E. huet als Léierin geschafft. Si schreift zënter 1998 Gedichter a Geschichten op Lëtzebuergesch fir Kanner a Jugendlecher. D'Theaterstéck fir Kanner *Kloni Klunnes*, gouf 2002 beim *Concours littéraire national* ausgezeechent. D'Bicher *Kloni Klunnes* an *Zarabina* si begleet vun engem CD mat Lauschtertext a Lidder souwéi engem Aarbechts-Molbuch.

An hire Bicher *Ee feine Jong* an *An elo feine Jong?* erzielt si déi wouer Geschicht vun engem Lëtzebuerger Drogéierten an am Buch *Cara* gëtt de Leidenswee vun engem klengen, kriibskranke Meedche beschriwwen.

Am *D'Lynn an de Charel* geet et iwwert Sexualerzéiung a mat hirem *De roude Fuedem* kann een d'Lëtzebuerger Orthographie léieren.

TULLIO FORGIARINI (*1966)

Den T. F. schafft als Lycéesproff. A senge Kriminalromaner op Franséisch beschreift en déi donkel Säite vun der klengbiergerlecher Gesellschaft zu Lëtzebuerg, d'Problematik vun den illegalen Immigranten, dem Menschen- a Fraenhandel grad ewéi d'Korruptioun an d'Schäinhellegkeet. De Roman *La ballade de Lucienne Jourdain* gouf 2000 beim Literaturconcours *Libertés* vun der Vereenegung *Liberté de Conscience* ausgezeechent.

Fir säin *Amok – eng Lëtzebuerger Liebeschronik* krut den T. F. de Literaturpräis vun der Europäischer Unioun 2013 an d'Buch gëtt vun der Lëtzebuerger Produktiounsfirma *Irisproduction* ënnert der Regie vum Donato Rotunno ënnert dem Titel „Baby(a) lone" fir de Kino verfilmt.

ANDY (ND!) GENEN (*1979)

Den A. G., deen sech selwer och „ND!" nennt, ass e selbstännege Comiczeechner. Säin Atelier huet en zu Aubange. Nieft verschiddenen Illustratiounen an BDen, huet hien zesumme mam Lucien Czuga, deen den Text geschriwwen huet, d'BD *De leschte Ritter* (2005, 2007 an 2009) illustréiert.

NICO GRAF (*1955)

Den N. G. schafft als Reporter beim Radio; an Däitschland huet hie fir den SR, den NDR an den SWR geschafft, zënter 2004 ass hie Redakter bei RTL. Als Auteur huet hie mam Gedichtband *ins auge fassen* ugefaang. D'Entfriemung vum Mensch vu senger Aarbecht, faschistesch Relikter am Alldag an an der Sprooch, politesch legitiméiert Gewalt, Erënnerungen un de Krich a Krankheete sinn Ausdrock vu senger Ideologiekritik, déi e mat Elementer vun der Popliteratur an der *Neuen Subjektivität* verbënnt. Den N. G. huet zwee Bicher mat sengen RTL-Commentairë publizéiert.

POL GREISCH (*1930)

De Pol Greisch war Fonctionnaire. Säi Liewen ass enk mam Theater verbonnen. E stoung souwuel mat eegenen Theaterstécker wéi och an däitsch- oder franséischsproochege Produktiounen op der Bühn.

Mat sengem Stéck *Äddi Charel* hat en 1966 säin Debut beim Theater, dono koumen *Besuch, Grouss Vakanz, Margréitchen, E Stéck Streisel*. Seng Stécker spillen dacks an der enker Lëtzebuerger Gesellschaft a weise Klengbierger an hirem banalen Alldag an hir Onfähegkeet, aus de Contrainté vun hirem Milieu erauszekommen. Mat Humor a Melancholie zeechent hien Antihelden, déi vun engem onerreechbare Gléck dreemen. De P. G. huet eng autobiographesch Erzielung *Fir meng Mamm – aus engem laange Bréif*, eng Sammlung mat Geschichten *De Monni aus Amerika* an e Roman *Mäi Frënd Benn* publizéiert. 1993 an

2013 krut hien de Servais-Präis an 2002 de Batty-Weber-Präis fir säi Gesamtwierk.

GAST GROEBER (*1960)

De G. G. huet fir d'éischt als Schoulmeeschter, dono als Leeder vum *Centre technolink* vun der Stad Lëtzebuerg geschafft. 2010 huet hie mat sengem Jugendroman *De Griss* (2010) fir d'éischte Kéier e Buch publizéiert, dat an der Traditioun vun den Enid-Blyton-Romaner d'Geschicht vun enger Band Jonker erzielt, déi Frëndschaft mat engem ale Mann schléissen, deen aus der Duerfgemeinschaft ausgegrenzt gëtt. De Roman thematiséiert d'Ängschten an d'Liewensastellunge vu jonke Mënschen souwéi d'Wäerter vu Frëndschaft, Solidaritéit a Respekt.

NICO HELMINGER (*1953)

Den N. H. huet fir d'éischt als Lycéesproff geschafft, zënter 1984 ass hie fräien Auteur. Enn den 1970er Joren huet hie literaresch Texter mat sozialer a politescher Funktiounszouweisung geschriwwen. Sou gi beispillsweis a senge gesellschaftskriteschen Dramen *de schantchen* (1989), *Miss Minett* (1993) a *schwarzloch* (2006) d'Problemer vum Minett gewisen. A senger Lyrik, wéi z. B. *landschaft mit seilbahn* (1986), verknäppt hien Ideologie- a Sproochkritik mat Formalästhetik. D'Sujeten am Wierk vum N. H. si politesch Ereegnesser an Alldagsphänomener. Vrun allem zënter dem Enn vun den 1990er Joren thematiséiert den Auteur d'Simulatioun vu virtuelle Welten, wéi beispillsweis an *f@king love and death sou niewebäi*, awer och d'Konsequenze vun enger Iwwerlagerung vu Fiktioun a Realitéit. Den N. H. huet och Kannerstécker geschriwwen (ë. a. *So, wéi ass dat … mat der Léift ?* (1985)), wouran hien ethesch

Grondsätz vermëttelt. Den Auteur krut 2008 de Batty-Weber-Präis fir säi Gesamtwierk an 2014 de Servais-Präis fir seng Gedicht-Anthologie *Abrasch*.

JHEMP HOSCHEIT (*1951)

De J. H. ass Franséisch-Proff an engem Escher Lycée. Hie schreift haaptsächlech Romaner, Gedichter, Cabarets- an Theatertexter, Kanner- a Jugendbicher op Lëtzebuergesch. Fir säin éischte Roman *Perl oder Pica*, an deem hien d'Erliefneswelt vun engem zwielef Joer ale Bouf an den 1960er Joren duerstellt, krut den Auteur 1999 de Servais-Präis. De Roman ass 2005 vum Pol Cruchten verfilmt ginn a krut 2007 de *Prix du Public* beim 3. Lëtzebuerger Filmpräis. 2006 koum mat *Aacht Deeg an der Woch* en zweete Roman eraus, an deem e jugendlechen Erzieler, e begeeschterte Beatles-Fan, iwwert de Mee 1968 zu Lëtzebuerg verzielt. Am Kriminalroman *Mondelia*, deen 2010 publizéiert gouf, hëlleft eng aussergewéinlech intelligent Zëmmerplanz, e Meedchen, dat entfouert gouf, erëmzefannen. Fir de Roman *Klangfaarwen* krut de J. H. den 3. Präis beim Nationale Literaturconcours 2010. 2013 goufen e Kannerbuch – *Den Eppes* – an e Lauschterbichelchen – *Komm, lies mer vir!* – mam J. H. senge bekanntste Kannertexter publizéiert.

JOSIANE KARTHEISER (*1950)

D'J. K. war Journalistin a spéider Chargée de cours fir Lëtzebuergesch. Si publizéiert Lyrik, Kuerzgeschichten, Cabarets-Texter, Lidder, Theaterstécker, Héierspiller, literaresch Reesberichter, Kuerzkrimien, Kannerliteratur a Literaturkritik op Däitsch a Lëtzebuergesch. An hiren Texter thematiséiert si mat de Mëttele vun der Ironie, Satire an dem Humor mënschlech Uleies an der moderner Gesellschaft, d'Isolatioun vum Eenzelnen a

modern Tendenzen, déi de Mënsch vum Wiesentlechen ofbréngen.

RENÉ KARTHEISER (1926-2009)

De R. K. war Fonctionnaire a staatleche Verwaltungen. Hien huet fir Erwuessener a Kanner op Lëtzebuergesch geschriwwen ë. a. *nuets as d'Welt ronn* (1971), *Eng Päif laang* (1972)). Hien analyséiert a sengen autobiographesch getéinte Prosagedichter, Kuerzgeschichten a Mikrotexter Ereegnesser an Zoustänn, déi en zwar kritesch geséit, mee deenen hien awer ëmmer och eng positiv Säit ofgewanne kann. Säi Gedicht *Hätt ech!* huet dem Auteur den éischte Präis beim Nationale Literaturconcours abruecht.

GEORGES KIEFFER (*1962)

De G. K. ass Engleschproff. Hie schreift Romaner op Lëtzebuergesch. A sengem éischte Wierk *Schierbelen*, fir dat en 1997 – ex aequo mam Georges Hausemer – den éischte Präis beim Nationale Literaturconcours krut, thematiséiert den Auteur op eng surrealistesch Manéier d'Komplexitéit vun de Gefiller. Säi psychologesche Kriminalroman *D'Kaya* zeechent sech duerch de bannenzege Monolog aus.

PIERRE (PIR) KREMER (1919-2000)

De P. K. huet an der Compabilitéit vu *Ponts & Chaussées* geschafft. Vun 1962 un huet en ënnert dem Numm *Pik* Theaterrevuë fir de Lëtzebuerger Theater geschriwwen, dacks an Zesummenaarbecht mam Pol Pütz. Ganz bekannt gouf hie mat sengem satiresche Wocheréckbléck *De Staminet*, deen RTL vun 1964 bis 2000 diffuséiert huet. Hie gehéiert zu deene beléifste Satiriker vu Lëtzebuerg. Hien huet sech op eng humorvoll-ironesch Manéier souwuel mat der aktueller

Landespolitik wéi och mat de Lëtzebuerger Eegenaarten an allgemenge Sujete wéi ë. a. dem Sport literaresch ausernee gesat. Vill vu senge Gedichter goufen an den dräi Sammelbänn *Zesummegepiktes*, *Repikéiert*, *Nogepiktes* publizéiert. Eng ganz Parti vum P. K. senge Gedichter goufe vum Jean-Pierre Kemmer vertount.

ROGER LEINER (*1955)

De R. L. huet zu Stroossbuerg Konscht studéiert. Zënter 1986 ass hie selbstännege Cartoonist an Illustrator an huet ë. a. zesumme mam Lucien Czuga *De Pechert* (1989 an 1993) realiséiert. Hie schafft regelméisseg fir d'*Lëtzebuerger Land* an d'*Revue*, mä virun allem ass hien awer bekannt als den Zeechner vum *Superjhemp*.

EDMOND DE LA FONTAINE
(DICKS) (1823-1891)

Den E. d. L. F. huet ë. a. als Affekot an Ergänzungsriichter geschafft. Mat sengem Spottgedicht op d'Chamber *D'Vulleparlament am Gréngewald* (1848) gouf hie mat engem Schlag bekannt. Groussen Erfolleg hat hie mat sengen Operetten op Lëtzebuergesch wéi *De Scholdschäin* (Uropféierung: 25. Februar 1855; publizéiert 1856) oder *D'Mumm Séiss* (1856), woumat hien och als Begrënner vum Lëtzebuerger Theater gëllt. Donieft huet hie Stëmmungslyrik an erziend Gedichter geschriwwen, déi deelweis humoristesch, ironesch, satiresch oder deelweis besënnlech sinn. Hien huet sech ë. a. och wëssenschaftlech mat der Orthographie vum Lëtzebuergeschen, grad wéi mat Lëtzebuerger Soen, Bräich a Legende befaasst.

HENRI LOSCH (*1931)

Den H. L. war Schoulmeeschter a Mataarbechter bei enger ganzer Rei Léierbicher fir d'Lëtzebuergescht.

En huet sech als Theater- a Filmschauspiller an Dréibuchauteur – *Déi zwéi vum Bierg* (1985), *De falschen Hond* (1989) – ervirgedoen. A sengen autobiographesche Kuerzgeschichten si Krichs-erënnerungen an den Alldag am besatene Grand-Duché – meeschtens mat Kannerae gesinn – en zentraalt Thema. Den H. L. schreift ausserdeem Kanner- a Jugendliteratur an der Traditioun vun den Abenteuergeschichte vum Enid Blyton.

ROGER MANDERSCHEID (1933-2010)

De R. M. huet als Beamten am Aarbechts- an dono am Kulturministère geschafft. Ënnert dem Zeeche vum Protest huet hien an de fréien 1970er Joren ugefaang mat Schreiwen. A sengen Texter, Dréibicher, Héierspiller a Spillfilmer beschreift hien déi lëtzebuergesch Verhältnesser als anengend. Hie wollt d'Lëtzebuerger Literatur aus dem Ghetto vun der Provënzliteratur erausféieren an huet fragmentaresch an experimentell Forme vu Literatur wéi d'Héierspill ausprobéiert.

An den 1980er Joren huet de R. M. vum Däitschen op d'Lëtzebuergescht als Literatursprooch gewiesselt mat senger autobiographesch geprägter Romantrilogie *schacko klak, de papagei um käschtebam* (Servais-Präis 1992) a *feier a flam*, déi an der Krichs- an Nokrichszäit spillt. Domat gouf de R. M. mam Guy Rewenig zum Pionéier fir den *Neie Lëtzebuerger Roman*. No 2000 huet hien erëm op Däitsch geschriwwen, *schwarze engel, kühe im nebel* oder *kasch stinn* am Zeeche vun neie Sproochexperimenter an enger kritesch-reflexiver Eegereferenz. 1990 krut hien de Batty-Weber-Präis.

ROLAND MEYER (*1963)

De R. M. ass Schoulmeeschter a schreift Jugend-bicher op Lëtzebuergesch an Däitsch esou wéi Bicher fir erwuesse Leit. D'Romantrilogie *Eng Foto vum (Klëppel) Krich*, *Dem Kinnek säi Gaart* an *Iwwer der Leeder* (2000-2003) nennt hie Kannertheater-Romaner, well Theaterstécker, dramatesch Zeenen a Lidder an de Prosatext integréiert sinn. A senge Jugendbicher *Den décken dommen Dudu* a *Mango Panda* geet hien op d'Problematik vum Erwuesseginn an. Zënter 1988 ass de R. M. Kabarettist, Regisseur an Auteur, vun 1994 un huet hien d'Kannertheatertrupp *Den Holzwuerm – Park Housen* geleet a vun 2008 un ass hie Koordinateur vun der Theaterschoul am Educatiounsministère.

CLAUDINE MUNO (*1979)

D'C. M. ass Chargée de cours fir Museksunterrecht. Si publizéiert Romaner, Erzielungen, Kannergeschich-ten, BDen an Theaterstécker op Englesch, Fran-séisch, Däitsch a Lëtzebuergesch. An hire Jugend- a Familljegeschichte sinn Elementer aus Märercher inte-gréiert, iwwerdeems d'Autorin an hire gesellschafts-kritesche Wierker d'Gefaangenheet vum Eenzel-nen an Denkstrukturen a Regelsystemer analyséiert. 2004 gouf si fir de Roman *frigo* mam Servais-Präis ausgezeechent. D'C. M. ass och als Sängerin bekannt an huet eng Rei Museksalbume mat de Gruppen *The Luna boots* a *Monophona* veröffentlecht.

ARTHUR PHILIPPE (*1925)

Den A. P. huet als Handwierker bei der Lëtzebuerger Bunn geschafft. *Am Band ... an du goung et no Osten* (2005) erzielt hie vu senge Jugenderënnerungen als Zwangsrekrutéierten un der Ostfront.

POL PÜTZ (1947-2012)

De P. P. huet bei der Gendarmerie, bei Interpol a bis 2002 bei der Kriminalpolizei geschafft. Als Mataar-bechter vu Revuen huet hie satiresch Texter, Sketcher a Cabaretstexter iwwert d'Lëtzebuerger Politik an d'Gesellschaft geschriwwen. Vun 1974 un huet hien ënnert dem Pseudonym *PoP* (dacks zesumme mam Pir Kremer) d'Texter fir d'Lëtzebuerger Revue geschriwwen. 1980 hat den Auteur e grousse Succès mat sengem Musical Hopp Marjänn (Musek vum Pierre Nimax). De P. P. huet och Gedichter a Kuerzgeschichte geschriwwen.

GUY REWENIG (*1947)

De G. R. huet fir d'éischt als Schoulmeeschter geschafft, zënter 1984 ass hie fräiberuffleche Schrëft-steller a Publizist. Vun 1963 u veröffentlecht hie gesell-schaftskritesch a satiresch Gedichter, Prosatexter an Theaterstécker zu politeschen, sozialen a kulturelle Sujeten aus dem Grand-Duché. Och wéinst sengem éischte moderne Roman op Lëtzebuergesch *Hannert dem Atlantik* (1985) spillt de G. R. eng eminent wichteg Roll fir d'Lëtzebuerger Literatur. A senge weidere Wierker huet den Auteur d'Klengbiergerlechkeet, d'Duebelmoral an d'Loschtfeindlechkeet am Grand-Duché op d'Schëpp geholl.

Zënter 1963 kommen dem G. R. seng Bäiträg a verschiddenen Zeitungen eraus. 1970 huet hien als Theater-Auteur ugefaang. Seng sozialkritesch Drame geheien e satiresche Bléck op d'Lëtzebuerger Gesellschaft, sou z. B. *Eisefrësser* (1994), *Botz* (1997), *Ventilator* (1999). Zënter 1973 schreift hien och Kannerliteratur a bis haut ass *Muschkilusch* (1990) dat Kannerbuch mat deem gréissten Erfolleg zu Lëtzebuerg. Am Joer 2000 huet den Auteur mam Roger Manderscheid de Verlag *ultimomondo* gegrënnt. 2010 krut de G. R. de Batty-Weber-Präis an zweemol de Servais-Präis (2006 an 2010).

RICH RUPPEL (*1946)

De R. R. huet als Setzer an Drécker geschafft. Hien huet sech fir d'éischt fir Musek a Kompositioun interesséiert. Säin éischte Roman *Eis Jongen ginn agezunn* huet hien 2011 erausbruecht.

RAYMOND SCHAACK (*1936)

De R. S. war Lycéesprofesser. Hie schreift op Franséisch, Däitsch a Lëtzebuergesch. Nieft Lieweserënnerungen, sti Krimien, fantastesch Geschichten a Gedichter. Hie beschreift Stëmmungsbiller aus der Natur, Séilelandschaften a Lëtzebuerger Kulturdenkmäler. En ass och e réigelméissege Mataarbechter vu verschiddenen Zäitschrëften.

SANDRA SCHMIT (*1972)

D'Sandra Schmit huet Mediävistik op der Universitéit Düsseldorf studéiert a schafft zënter 2001 als wëssenschaftlech Mataarbechterin am Lëtzebuerger Literaturarchiv zu Miersch. Si huet Bäiträg iwwer d'Lëtzebuerger Literatur an och Iwwersetzungen aus dem Engleschen an an d'Englescht publizéiert. Hire Roman *A Winter Tale* (2005) an der Traditioun vun der Popliteratur entwerft eng erotisch-sexuell Konstellatioun tësch enger Studentin an dräi Männer, woubäi ënnerschiddlech Liewensprojete presentéiert ginn. D'Fortsetzung, *Rights of Spring*, ass 2011 erauskomm.

JEMP SCHUSTER (*1948)

De J. S. huet fir d'éischt Sport enseignéiert, zënter 1985 ass hie fräiberufflech Schrëftsteller, Theaterschauspiller a Regisseur. Hie schreift Kannertheater, historesch a sozialkritesch Theaterstécker a Cabaret op Lëtzebuergesch. Zënter 1993 huet hien eege Stécker op verschidde Fräiliichtbühnen inszenéiert ë. a. *De Schankemännchen* (1993), *De Porrette King* (2006) an *De falsche Méchel* (2006). Och wa seng Stécker dacks vrun engem historeschen Hannergrond spillen, thematiséiere se sozial an tëschemënschlech Problemer.

PIERRE-ERNEST (POUTTY) STEIN (1888-1955)

De P. S. huet fir d'éischt an der Forstverwaltung an dono vun 1920 bis 1955 als Fierschter bei der ARBED geschafft. Hie gëllt als Papp vum Lëtzebuerger Chanson an huet iwwer 200 Lidder verfaasst, dorënner och gesellschaftstkritescher, satirescher an antiklerikaler, vun deennen haut nach eenzelner bekannt sinn, wéi z. B. *De schéine Poli*, *Déi Schnëss* oder *D'Quiselchen*. A senge Liddertexter, an deenen en net seele mënschlech Charakterschwächten dokumentéiert, huet de P. S. de Lëtzebuerger Klengbierger de Spigel dohi gehalen. Seng sproochkreativ Texter sinn Temoignagë vun enger Generatioun, déi sech d'Befreiung vu kiercheche Virschrëften an déi geeschteg Emanzipatioun vum Vollek zum Zil gesat hat.

SERGE TONNAR (*1970)

Zanter 1997 ass de S. T. fräischaffenden Auteur, Komponist an Interpret. Seng Haaptaktivitéit ass d'Kompositioun vu Film- an Theatermuseken an eegene Lidder mat sengem Orchester *Legotrip*. Doniewent schafft e geleegentlech am Theater als Schauspiller an Auteur.

All seng Aktivitéiten huet en als Autodidakt erléiert, och wann en der Meenung ass, dass et dat guer net gëtt. E gesäit seng Beruffer éischter als eng permanent Léier mat ëmmer neie Léiermeeschteren.

Hien ass Matbegrënner vu *Maskénada*, Kënscht-
lerkollektiv a Produktiounsplattform fir alternativ
theatralesch a musikalesch Projeten.

CHAREL WINANDY (1914-1998)

De Ch. W. war Staatsbeamten an huet verschidde
Bäiträg an *Eis Sprooch* an an der Zäitschrëft *Rappel* vun
der L.P.P.D. (Ligue Luxembourgeoise des Prisonniers
et Déportés politiques) publizéiert.

** D'Angaben zu de Kuerzbiographië baséieren op der
online-Versioun vum „Luxemburger Autorenlexikon",
erausgi vum CNL* (www. autorenlexikon.lu).

Bibliographie

Text 1 *Catherine, ech sinn esou glécklech`, Cathy Clement,* aus: CLEMENT Cathy, Bleiwen, wat mer ginn. Editions Saint-Paul. 2011. S. 9-12.

Text 2 *De Mathematik-Proff, Lucien Blau,* aus: BLAU Lucien, Mat der Döschewo bei de Mao Tse-Tung. Eng Jugend am Minett. Geschichten. Editions ultimomondo. 2013. S. 17-21.

Text 3 *De Pablo an d'Juliette,* Josy Braun, aus: BRAUN Josy. De Pablo an d'Juliette. Eng Geschicht op Lëtzebuergesch vum Josy Braun. An: Administration communale de la ville de Luxembourg, Ons Stad Nr. 28 - Hamm. Imprimerie St. Paul. 1988. S. 17.

Text 4 *Dräizéng, Tullio Forgiarini,* aus: FORGIARNI Tullio, Amok. Editions Guy Binsfeld. 2013. S. 91-93.

Text 5 *Blues, Pol Greisch,* aus: GREISCH Pol, D'Sonnesäit. Iwwer Joren. Editions Phi. 2009. S. 141-142.

Text 6 *Ech denken nach vill un de Mike`, Cathy Clement,* aus: CLEMENT Cathy, Aleng. Roman fir Jonker. Op der Lay. 2003. S. 100-102.

Text 7 *Meng éischt Zäit am Lycée, Lucien Blau,* aus: BLAU Lucien, Mat der Döschewo bei de Mao Tse-Tung. Eng Jugend am Minett. Geschichten. Editions ultimomondo. 2013. S. 7-11.

Text 8 *Pas si simple!, Jhemp Hoscheit,* aus: HOSCHEIT Jhemp, Aus alle Wollécken. Jhemp Hoscheit, Imprimerie de la Frontière. 1988. S. 22-23.

Text 9 *Hausaufgaben – derfir, dergéint, oder wéi?, Nico Graf,* aus: GRAF Nico, Dat seet een net. Commentairen. Editions ultimomondo. 2011. S. 59-61.

Text 10 *Den Ersatzschoulmeeschter, Henri Losch,* aus: LOSCH Henri, Koppeges a Bosseges. E Schoulmeeschter erzielt. Editions Guy Binsfeld. 2012. S. 15-18.

Text 11 *Schoulliewen am Krich`, Roger Manderscheid,* aus: MANDERSCHEID Roger, Schacko Klak. Biller aus der Kandheet (1935-1945). Editions Phi. 2009. S. 203-206.

Text 12 *De Kunibert vun Hesper, Jemp Schuster,* aus: SCHUSTER Jemp, Léiwendraachemailchen. Mäerercher an aner Geschichten. Jangli Bicher. 1999. S. 184-187.

Text 13 *De Siegfried an d'Melusina, Nico Brettner,* aus: BRETTNER Nico, Lëtzebuergesch Volleksmärercher a Seechen. Editions Schortgen. 2009. S. 11-13.

Text 14 *De leschte Ritter, Lucien Czuga & ND Genen,* aus: CZUGA Lucien, GENEN ND (Andy), De leschte Ritter. De Schatz vun Draachesteen. Editions Revue. 2005. S. 17-25.

Text 15 *Monument aux Morts`, Jhemp Hoscheit,* aus: HOSCHEIT Jhemp, Perl oder Pica. Editions Schortgen. 2009. S. 220-227.

Text 16 *D'Kiermesgäscht, Dicks,* aus: DICKS (DE LA FONTAINE Edmond), D'Kiermesgèscht. Komêdistêck an èngem Ackt. V. Bück. 1986. S. 15-21.

Text 17 *D'Schéisserei vun Heischent, Charel Winandy,* aus: WINANDY Charel, D'Schéisserei vun Heischent.

An: Rappel: Organe de la Ligue luxembourgeoise des prisonniers et déportés politiques N° 1. 2002. S. 45-56.

Text 18 *Vakanzen, Raymond Schaack,* aus: SCHAACK Raymond, Stater Stëbs. Editions Saint-Paul. 1995. S. 239-241.

Text 19 *Belsch Plaasch,* Serge Tonnar, aus: TONNAR Serge, LEGOTRIP, Klasseklon. Digipak. 2011. (CD-Booklet).

Text 20 *… an du goung et no Osten, Arthur Philippe,* aus: PHILIPPE Arthur, …an du goung et no Osten. Meng Krichserënnerungen. Editions Saint-Paul. 2005. S. 31-32; 55-58.

Text 21 *Mir kommen an en Ausbildungs-lager, Rich Ruppel,* aus: RUPPEL Rich, Eis Jongen ginn agezunn! Editions Schortgen. 2011. S. 14-16.

Text 22 *De Griss erzielt, Gast Groeber,* aus: GROEBER Gast, De Griss. Roman fir Jonker. Op der Lay. 2010. S. 72-75.

Text 23 *Reality Check, Sandra Schmit,* aus: SCHMIT Sandra, Reality Check. An: Walfer Bicherdeeg 2010, Saz fir Saz. Texter iwwer Musek. Editions Guy Binsfeld. 2010. S. 20-24.

Text 24 *Wie wëllt en Handy?, Josiane Kartheiser,* aus: KARTHEISER Josiane, De Marc hätt gär Pangecher. Texter op Däitsch an op Lëtzebuergesch. Editions Carriere. 2005. S. 103-106.

Text 25 *D'Schnurreli, Josy Braun,* aus: BRAUN Josy, D'Éier vum Déier. Geschichten a Gedichter. Editions Josy Braun. 2011. S. 84-89.

Text 26 *poker, Nico Helminger,* aus: HELMINGER Nico, Lëtzebuerger Léiwen. Roman. Editions ultimomondo. 2013. S.81-87.

Text 27 *Superjhemp: Bëssegt blot Blutt, Lucien Czuga & Roger Leiner,* aus: CZUGA Lucien, LEINER Roger, Bëssegt blot Blutt. Eng Geschicht mam Superjhemp. Editions Revue. 2012. S. 3-10.

Text 28 *Seechomes, Alain Atten,* aus: ATTEN Alain, De Sproochmates. Editions Schortgen. 2010. S. 202-203.

Text 29 *Den Tolly a säi Bop', Josy Braun,* aus: BRAUN Josy, Kréiwenkel. Roman. Editions Phi. 1998. S.13-16; 18-19.

Text 30 *Pink Slip Party, Nico Helminger,* aus: HELMINGER Nico, Pink Slip Party. Editions Phi. 2011. S. 41-46.

Text 31 *Motzen, Alain Atten,* aus: ATTEN Alain, De Sproochmates. Editions Schortgen. 2010. S. 156-157.

Text 32 *E Muerd am Gréngewald, Pol Pütz,* aus: PÜTZ Paul, E Muerd am Gréngewald. An: Walfer Bicherdeeg 2006, D'Messer am Réck. Eng Krimi-Anthologie. Editions Guy Binsfeld. 2006. S. 84-90.

Text 33 *Erwëscht, Christiane Ehlinger,* aus: EHLINGER Christiane, An elo, feine Jong? Imprimerie Centrale. 2009. S. 89-91.

Text 34 *Cha-cha-cha, Claudine Muno,* aus: MUNO Claudine, Cha-cha-cha. An: Walfer Bicherdeeg 2006, D'Messer am Réck. Eng Krimi-Anthologie. Editions Guy Binsfeld. 2006. S.158-161.

Text 35 *De Muerd am Fuusselach', Roger Manderscheid,* aus: MANDERSCHEID Roger, Schacko Klak. Biller aus der Kandheet (1935-1945). Editions Phi. 2009. S. 52-57.

Text 36 *Bei eis an der Schoul gëtt et eng Joffer', Roland Meyer,* aus: MEYER Roland, Den décken dommen Dudu. E Kannerbuch fir erwuesse Leit. Op der Lay. 2008. S. 38-40; 42-43.

Text 37 *Wie mengs de dass de bass?, Pir Kremer,* aus: KREMER Pir, Wie mengs de dass de bass. An: WEBER Nic (Ed.), Méi wéi honnert Pärelen. Fir de fënnefasiwenzegste Gebuurtstag vum Pir Kremer. Editions des Cahiers luxembourgeois. 1994. S. 19-20.

Text 38 *Dem Luca säi Fest', Tania Naskandy alias Guy Rewenig,* aus: NASKANDY Tania (REWENIG Guy), Sibiresch Eisebunn. Editions ultimomondo. 2009. S. 60-65.

Text 39 *Kee Merci an näischt, Jemp Schuster,* aus: SCHUSTER Jemp, Léiwendraachemailchen Mäerercher an aner Geschichten. Jangli Bicher. 1999. S. 47-51.

Text 40 *D'Geld regéiert d'Welt, Dëppegéisser,* aus: DËPPEGEISSER, Ongeschlaff. 2012. (CD-Booklet).

Text 41 *kossovomoss, Serge Tonnar,* aus: TONNAR Serge, Legotrip. 2003. (CD-Booklet)

Text 42 *D'Kaya, Georges Kieffer,* aus: KIEFFER Georges, D'Kaya. Editions Phi. 2003. S. 7-11.

Text 43 *Mäi Fonds de commerce', Tania Naskandy alias Guy Rewenig,* aus: NASKANDY Tania (REWENIG Guy), Feierläscher. Editions ultimomondo. 2010. S. 20-22.

Text 44 *D'Mercedesitis, René Kartheiser,* aus: KARTHEISER René, Eng Païf laang. Imprimerie Centrale. 1972. S. 56-57.

Text 45 *Kabeskapp, Claudine Muno,* aus: MUNO Claudine, Dat klengt Buch vun der DOUDAngscht. Op der Lay. 2009. S.93-100.

Text 46 *Eng falsch Adress, Nico Helminger,* aus: HELMINGER Nico, Eng falsch Adress. Eng Lëtzebuerger Short-Story vum Nico Helminger. An: Administration communale de la ville de Luxembourg, Ons Stad Nr. 102, Abrëll 2013 – Wohnen in der Hauptstadt. Imprimerie St. Paul. 2013. S. 56-57.

Text 47 *Lëtzebuerg, P(o)utty Stein,* aus: STEIN Putty, Staark am Soff mee soss nët uerg. De Putty Stein a séng beschte Lidder. Editions Guy Binsfeld. 1996. S. 161-162.

Impressum

Lies de bal

Lëtzebuergesch Texter

D'Texter sinn ausgewielt gi vun engem Aarbechtsgrupp vum SCRIPT: Marc Barthelemy, Sabrina Espinosa, Sandrine Heinen, Caroline Lentz, Danielle Mencucci, Kathrin Noesen, Luc Schiltz, Eric Schmit, Shari Schenten, Yasmine Streveler, Josée Zeimes. Dee Grupp ass berode gi vum Jeff Baden (INL) a vum Josiane Weber (CNL). D'Texter si vu Schülerinnen a Schüler gelies an evaluéiert ginn. Merci dofir un d'Amara, d'Camille, d'Charlotte, d'Diana, d'Marie, den Nicolas, d'Sejla, d'Vanessa, d'Yara an d'Zohra.

Konzeptioun a Koordinatioun: Editions Guy Binsfeld

Illustratiounen: Julien Renault

Layout: Steffi Willkomm

Redaktioun: Valérie Schreiner

Drock: Print Solutions sàrl

Distributioun: Editions Saint-Paul

SP ■ PRINTED IN
■ LUXEMBOURG

ISBN 978-99959-2-000-5

3. Oplo 2018

© 2014 Editions Guy Binsfeld / Editions Saint-Paul / Auteuren an Editeuren

An Zesummenaarbecht mam Ministère de l'Education nationale, de l'Enfance et de la Jeunesse, Grand-Duché de Luxembourg.